潔西卡（繁體字版）

JESSICA (A NOVEL IN TRADITIONAL CHINESE CHARACTERS)

B杜

British Library Cataloguing-in-Publication Data. A CIP catalogue record for this book is available from the British Library.

ISBN 978-1-915884-11-4 (ebook)
ISBN 978-1-915884-10-7 (print)

For my Family

第一章/海獅小鎮與紅橡樹小鎮

海獅小鎮原名馬太小鎮，之所以改名，乃因一百多年前曾有數百隻海獅為了逃離虎鯨的追殺，集體上岸避難，口耳相傳的結果，群眾紛至沓來，“海獅小鎮”的名稱因此不脛而走，並進而取代原來的馬太小鎮。誰能想到往後的日子裡，成群海獅在海邊曬太陽的壯觀場面會逐漸式微，到最後竟然連一隻都不剩，導致現在說起海獅小鎮，反倒需要費口舌去解釋 。

“ 為什麼你住的地方叫海獅小鎮 ? ” 潔西卡在電話彼端問起。

迪倫只好話說從頭。

“看來我住的紅橡樹小鎮也該改名為象鼻蟲小鎮。”她說。

迪倫問為什麼？潔西卡表示她住的小鎮原本有大片的紅橡樹，這也是鎮名的由來，但幾年前象鼻蟲忽然大面積出現，它們產卵多且快，幼蟲一旦被孵化出來，立刻鑽到樹幹基部進行啃食，由於有表土覆蓋，不易被察覺，等發現時，早已病入膏肓。

“所以是象鼻蟲終結了紅橡樹？”他問。

“也是也不是。”潔西卡停頓了一下，“蟲災日益嚴重，地方政府不得不派人噴灑藥劑，刺鼻的化學氣味瀰漫在空氣中久久不散，引起居民不滿，後來索性把紅橡樹砍了。”

“全部？”

“全部。”

“多可惜！”

“是呀！”

第一次聽說潔西卡住在紅橡樹小鎮時，迪倫的腦海裡浮現一片火紅的場景，如今幻想破滅，他感到有些無所適從。

“妳會做紅橡樹造型的糖果嗎？”迪倫忽然想起，遂問。

“沒做過，但應該不難，你為什麼問這個？”

“隨口一問，別放在心上。”

幾日過後，迪倫收到從甜蜜糖果屋寄來的包裹，裡面有個小糖罐。他迅速打開，取出其中一顆仔細端詳，隨即有了答案。

當晚，他撥通潔西卡的電話，問她為何動作如此神速？

“老闆要我開發新產品，想到你曾問我會不會做紅橡樹造型的糖果，靈機一動，它就誕生了。”她答。

“原來我們是這款糖果的父母，我負責出點子，妳負責製作。”

潔西卡不苟同，因為天底下哪有父親把自己的孩子吃掉？

“妳說的對，那我不吃了。”

“可是......”

“什麼？”

“沒什麼，反正東西已經送出，你想怎麼處置，由你決定。”

其實迪倫只是逗她玩，糖果他已經吃了不少，剩下的他要慢慢品嚐。話說回來，也正因這個善意的舉動（潔西卡送他糖果），剛好給了迪倫一個機會，讓他把積壓在心底近一個月的話說出。

“潔西卡，妳送我東西，我也應該有所回報，哪天我們一起吃飯，我請客！”迪倫說。

“好的，如果哪天有空的話。”

這個回答模棱兩可，既沒有說不，也沒有答可，迪倫一時不知該做何反應，只得同意對方的說法。

“好的，哪天有空的話。”他答。

第二章／加西亞奶奶

迪倫住的海獅小鎮有個港口，地理位置算不錯，無奈冬季過長，導致長住人口流失。根據去年的人口普查，這個小鎮大約有六千多人，甚至比不上一所大學的在校生人數，不過麻雀雖小，五臟俱全，小鎮不僅提供幼兒園到高中的學校教育，還有一所公立醫院和長達兩百米的商業街，甚至擁有一個標準尺寸的足球場（冬季則成為室外溜冰場）。這樣的小鎮無疑已經滿足基本需求，但充其量只是個鄉下，很難上得了檯面，可是迪倫卻不這麼認為，一拿到大學文憑便迫不及待地回到故鄉，因為在他的眼裡，世界上最友好、最安全且最舒適之處莫過於海獅小鎮，一個值得用一輩子去守護與奉獻的地方。

這一天，迪倫一推開報社大門，主編便對他說：“加西亞奶奶去世了，你去採訪一下。”

“住在阿德曼大街的那一位？”

“不是，阿德曼大街的那位，昨天還見她沿著斯內克河慢跑，身體硬朗得很！我說的是院子裡長著兩棵雪梨樹的那位，她的家人正在趕來的路上，今天應該陸續會到，這時候去採訪正好。”

海獅小鎮的人口少，這裡的人皆互相認識也就不足為奇，即使新搬入，不出一個禮拜，連家裡的貓叫什麼名字都人盡皆知。

“好的，等我把手裡的訃聞發出去就過去採訪。”

迪倫畢業於某個社區大學的歷史系，一開始的打算是成為海獅小鎮的一名公務員，每天朝九晚五，週末還能睡大覺，後來發現那些“老”前輩們耳聰目明、聲如洪鐘，再多活個二十年都不成問題，只好先找個不對口的記者工作做做，哪知小鎮越來越平和(這與年輕人的大量流失不無關係)，以前偶爾還有違法亂紀的事情可報導，現在連某家廚房的警報器響了都能成為新聞。無奈之下，本該跑地方新聞的迪倫被派去寫訃聞，而且為了讓內容顯得有份量些，他不光寫生卒年月日，還得加入洋洋灑灑的人生回顧，這樣才能把原本不到3釐米見方的小方格擴大到十釐米見方以上，如此一來，寫地方新聞的喬治才不致於拿貓狗打架事件來充數。

今日，迪倫把安德森先生的訃聞發出去之後，如約來到逝者家。加西亞奶奶的大兒子昨天才從外地趕到，當得知記者是為了報導母親的生平事蹟而來，很熱情地招呼他進屋，同時搬出好幾本相册，不厭其煩地解釋每張照片背後的故事。

“你看，這是院子裡那兩棵雪梨樹剛種下時的樣子。”大兒子指著其中一張照片說。

“我知道，”迪倫立刻回應，“左邊那一棵原來叫小托馬斯，右邊那一棵原來叫大托馬斯，後來左邊那一棵碩果累累，右邊那一棵卻顆粒無收，於是你母親讓兩棵樹互換名字。”

“大托馬斯”很驚訝報社記者竟然如此神通廣大，連這麼隱祕的事情也知道！

其實不是迪倫神通廣大，而是某天他行經加西亞奶奶的木造平房時，發現她望著院裡的雪梨樹發愣。

“日安，加西亞奶奶。”迪倫說。

加西亞奶奶此時才回過神來，道完日安後，問他能不能幫她上樹摘雪梨？因為再不摘就過熟了。

“沒問題。”他答。

後來迪倫摘了滿滿兩大袋的雪梨，加西亞奶奶堅持送他一袋。

“那麼謝謝您了！”迪倫開心收下，“我有個疑問，為什麼另一棵樹結不了果？”

加西亞奶奶答那是上帝的旨意，接著告訴他這兩棵樹是有樹名的，左邊那一棵原來叫小托馬斯，右邊那一棵原來叫大托馬斯。後來左邊那一棵碩果累累，右邊那一棵卻顆粒無收，所以她讓兩棵樹互換名字，理由是現實生活中的小兒子（小托馬斯）有抑鬱傾向，不若自己的哥哥（大托馬斯）樂觀開朗。

“那麼還是別換名字了，也許小托馬斯看到以自己的名字命名的樹長滿果實，心情會好一些。心情一好，情緒病也就不藥而癒了。”迪倫說。

“你說的對，那麼我不換名字了。”

加西亞奶奶後來有沒有實現諾言，無從得知，不過小托馬斯的病情倒是好了許多，偶爾能見他在街頭做義工，看起來挺精神的。

從加西亞奶奶家收集到足夠多的資料後，迪倫起身告辭，結果大托馬斯喊住他。

“什麼事？”迪倫問。

“其實我母親過世前又換了樹名，等於維持一開始的命名。”

“為什麼？”他故意問。

“我母親說那是上帝的旨意。”

迪倫離開時，恰好與剛進門的小托馬斯打上照面，後者祝他有幸福的一天。

“你也是。”迪倫答。

第三章/摩西小姐的表妹

海獅小鎮的居民在公共事務上非常保守，好比談到開放移民或者自由貿易，那肯定是不行的，因為這裡的人習慣周而復始，不喜歡變化（變化代表不確定性，這不是個好兆頭）。

既然在公共事務上裹足不前，那麼表現在宗教上就別提有多墨守成規了。海獅小鎮的居民有80%以上是天主教徒，這代表男女婚前得禁慾且不能同居，墮胎和離婚更是不被允許，如果做錯事（甚至觸犯法律），教徒們第一個想到的是上教堂跟神父告解，而非到警局自首。從好的角度看，這裡的居民相當自律，警察的作用微乎其微；從壞的角度看，時光彷彿倒流了，難怪小鎮上的年輕人會接二連三地離開，畢竟無趣是慢性毒藥，會一點一滴地扼殺蠢蠢欲動的心靈。

迪倫也是年輕人（萬聖節過後才滿27歲），但他的靈魂非常平靜沈著，所以無趣反倒適合他。還有一點，海獅小鎮的人口少，這反而拉近人與人之間的距離，但凡有人需要幫助，鮮少被拒，而且讚美和關心的話語從來不缺，對於十多歲就失去雙親的迪倫來說，他太需要這種“無邊界感”來彌補缺失的親情。

“迪倫，加西亞奶奶的親屬可好？”負責寫地方新聞的喬治問。

“他們很平靜地接受她的死亡。”

“那就好，如果像腓力之前那樣可不妙。”

腓力是鎮上唯一的修鞋匠，四十多歲才娶妻，結果一年不到，妻子因病去世，腓力難過到想自盡，後來神父帶領信眾集體在教堂為他禱告，也不知是否顯神靈，反正他現在看起來和喪妻前沒兩樣。

“的確。”迪倫答，“失去親人很痛苦，往往需要很長的時間才能真正走出來。”

“你的意思是腓力在強顏歡笑？”

“也許，我不確定。”

“上帝祝福他！”

海獅小鎮的人從不吝祝福別人，最常聽到的是“祝你有幸福的一天”，如果一時想不到該祝福什麼，那麼就以上帝的名義祝福，反正不會錯的。

轉眼到了下班時間，廣告部門的摩西小姐攔下迪倫，問他要不要上酒吧喝一杯？

“不了，今天有事。”

“凱特也會去，你確定你的事情是緊急的？”

凱特是摩西小姐的表妹，與迪倫同年，性情溫和，但似乎不太有主見的樣子，回答問題總模稜兩可。

“是很緊急，家裡沒羅勒葉了，我得上蔬果店購買。”他答。

後來迪倫在蔬果店“巧遇”凱特，據她說，家裡剛好缺少大蒜。

等兩人都採買完畢，基於禮貌，迪倫問凱特：“需不需要我幫提東西至妳家？”

“謝謝！”她答。

這個回答代表需要，於是迪倫拎起兩個人的“小”紙袋，往太陽落山的方向走去。

第四章/委婉拒絕

凱特租住在離商業街不遠的一個小閣樓內，出入總要與房東打上照面。

“到了，”迪倫把紙袋遞交出去，“這是妳的大蒜。”

“要不要上去坐坐？”

“不了，我還有事。”

迪倫到家後才發現自己給錯了紙袋，於是又趕了回去。

“你何不親自交給她？”房東史密斯先生對他說。

迪倫只好上樓去，而且為了不嚇到凱特，他特意加重腳步聲，這招果然有用，因為還沒上到閣樓，凱特就已經立在房門口。

“嗨！我給錯紙袋了。”他說。

“我知道，”凱特讓開身來，“進來吧！”

迪倫其實不願冒然進入一位女性的房間，但一時找不到回絕的藉口，只能硬著頭皮走進去。

“小心頭！”

話甫歇，迪倫不偏不倚地撞了上去，立即眼冒金星。

“快，”凱特拉來椅子，“快坐下。”

迪倫二話不說，趕緊坐下。

見客人坐下後，凱特拉來另一把椅子，等她也坐下，那畫面像在開二人會議。

“這閣樓其實挺好的，”凱特先開口，“推開窗戶就能見到遠處的火焰山，可惜層高是硬傷，我還好，像你這樣的高個兒，就只能彎腰走路了。”

“沒事，反正我不住這兒。”

凱特沈默一會兒後，表示希望冬天來臨前能拿到護士資格證，並且覓得對口的工作，也好從這裡搬出去。

“我以為妳喜歡這個閣樓。”迪倫說。

“是喜歡，但房東說煙囪供暖達不到閣樓，我害怕自己熬不過這個冬天。”

“不會的，上帝祝福妳！”

接下來，兩人陷入無話可說的尷尬之中。

“對了，你渴嗎？”凱特問（想打破窘境的意圖相當明顯）。

“不渴。”

“餓嗎？”

“我打算回家煮意麵吃，這也是我買羅勒葉的原因。”

“真棒！我好羡慕有廚房的人，哪像我，如果不外食，就只能吃乾糧，因為租房合約裡規定我不能使用廚房。”

“既然這樣，妳為何買大蒜？”

“因為……因為表姐建議我買。”

“妳打算生吃？”

“也不是。”

凱特的模稜兩可再一次顯露出來，記得第一次見面時，他曾問她平常做什麼逍遣？她回答“看情況”。

“咳咳！”迪倫清了清喉嚨，“時間晚了，我得趕著回家煮麵。”迪倫說。

“我能看著你煮嗎？”

這個問題讓迪倫很為難，自從接收已逝父母留給他的小平房，這麼多年來，他一直獨居，從未讓別人進入他的小世界。此時此刻，他不願為一個不太熟悉的人破例，但拒絕人不是海獅小鎮居民的常態 。

“可以，如果妳想看的話。”他答。

後來迪倫煮了兩人份的青醬意麵，凱特直呼好吃，還說如果能加點肉就完美了。

“傳統的青醬意麵不含肉類。”他答。

“那多可惜！”

這個回答讓迪倫無言以對，傳統就是傳統，何來可惜之說？倘若經過改良，那就不叫傳統了。

吃過晚飯，迪倫送凱特回家（這條路，今天走了四遍，未免過多？）。到了樓底下，凱特對他說：“今晚你請我吃麵，我也應該有所回報，哪天我們一起吃飯，我請客！”

“好的，如果哪天有空的話。”

話一答完，迪倫被當頭一棒，這是“委婉拒絕”之意沒錯，想必潔西卡也做如是想。

自認為揣摩到潔西卡的心思後，迪倫鬱鬱寡歡數日，最後下了一個困難的決定——此生不再與這個女人有任何聯繫。

第五章/製糖師

剛進入報社時，迪倫的職稱是“社會新聞記者”。他曾問過主編有關社會新聞與地方新聞的差異，得到的答覆是——社會新聞面向全國，地方新聞只限海獅小鎮，兩者雖有交集之處，但不多。

“我需要出差嗎？”迪倫接著問。

“偶爾。”

後來隨著報社的廣告收入越來越少，他不僅沒經費出差，還被“降”到地方新聞部寫訃聞，理由是社會新聞只需複製黏貼全國舊聞，威爾遜小姐一人就能搞定。

“那情人湖事件還追不追？”迪倫問主編。

“不追了，反正詹姆士已經離開海獅小鎮十多年，這裡的人對他已經沒什麼印象了。”

話說海獅小鎮的生活相當平淡，偶爾的一點點兒小漣漪已經是生活中的大事，所以當有一個“原住民”在他州發生殉情事件時，立即掀起狂風巨浪。

“可是我已經追了一半，現在怎麼辦？”他又問。

“這簡單，就寫警察已經介入調查，後續會跟進報導。根據我的判斷，大概三天過後就不會有人再關心此事，畢竟人的記憶力有限。”

事情果真如同主編所說那樣，尤其獨立日將至，這裡的居民對海獅小鎮首次的燃放煙花活動充滿期待，當然不會再有人有那份心思去抗議記者的“虎頭蛇尾”，可是迪倫反倒有些戚戚然，因為別人能忘記，至少他和約好的採訪對象一時可忘不了。

“對不起，主編要我別再追這條新聞了。”迪倫說。

“不要緊，”潔西卡在電話另一端答，“雖然我是翠西的好友，也願意就我所知替她發聲，但你的難處我能理解，畢竟這個國家有比殉情事件更值得報導的事。”

本來事情到此就能打住，但迪倫多嘴，問她有沒有聽說蒂姆即將南下舉行巡迴演唱會？

“我聽說了，可惜我住的紅橡樹小鎮沒有像樣的場所，而最近的演唱會地點開車起碼要十多個小時，我怕趕不回來製糖。”

“製糖？”

“是的，我是製糖師，製作棒棒糖之類的糖果。”

聽此言，迪倫的腦海裡立即五彩繽紛起來。

然後的然後，他們發現彼此都對鄉村歌曲情有獨鍾，同時又是作家莰威格的書迷和洋基隊的支持者，而且皆愛吃加了辣布法羅醬的髒熱狗……

迪倫內心裡的那根弦立即被撥動了。

“你睡得早嗎？”潔西卡忽然問。

“我通常11點前上床。”

“我一般10點上床。”

迪倫看了看時間，已經接近10點了，於是急著掛電話。

"以後你若想打給我，請留意時間。"她說。

"好的。"

當迪倫這麼答時，其實並沒有打算再打來，可是長夜漫漫，幾天後他又忍不住撥通電話，這次潔西卡表現得比以往熱情，還告訴他有關自己小時候發生的趣事。

"可惜我的童年乏善可陳，不若妳的有趣。"迪倫聽完後說。

"你過生日嗎？"她問。

"過，我還曾收到一個很恐怖的禮物，那條假蛇著實嚇到我。"

"看！這不挺有趣的？"

迪倫想想也對，怎麼以前沒發覺惡作劇在時間的洗禮下也會成為趣事一樁？

由於談話愉快，下班後的電話約會成了他倆心照不宣的約定，如果不是偶然間揣摩到潔西卡的心思，迪倫肯定會讓這個約定一直持續下去。

第六章／再見，潔西卡

迪倫沒再打給潔西卡，潔西卡也沒打給他，他們就像偶然交集的兩條直線，從此各分東西，直至海獅小鎮的房屋外觀開始變得詭異，同時販賣面具、道具服和南瓜燈的商戶多了起來，迪倫才驚覺兩個月已匆匆而過，而他的28歲生日（萬聖節）即將到來。

談到萬聖節，它原本是用來讚美秋天的節日，就好比五月節是為了讚美春天一樣，可是如今的萬聖節已不若萬聖夜（萬聖節前夕）受注目，大概因為前者是無聊的教堂活動，而後者可以盡情作怪的緣故。

迪倫想起過去幾年的萬聖夜，他總要事先準備好糖果等待敲門聲響起，好給一撥又一撥的“小鬼們”發糖果，否則“不給糖就搗蛋”的厄運會從天而降。今年當然不例外，然而當他面對櫥窗裡各式各樣的糖果時，腦海裡浮現的卻是一張模糊的臉孔 。

“反正要買糖果，何不向潔西卡購買？”他心想。

次日，迪倫向報社請了週三、週四兩天假，主編問起事由，他答：“我去還債。”

“今天不是愚人節。”主編表情嚴肅地說。

迪倫笑了笑，不再言語。事實上，他真的是還債去了（潔西卡曾送他糖果，此行他打算至少購買兩大袋的糖果，就當是還人情債）。

海獅小鎮離潔西卡住的紅橡樹小鎮約有兩百多公里，迪倫的計劃是一早搭乘灰狗巴士前往，下午應該能抵達，買完糖果再逛逛小鎮，次日便回。這個計劃貌似毫無破綻，但迪倫心裡清楚他還懷著一個小心思——這週他休週五和週六兩天，如果和潔西卡見面後發展順利，他大可在紅橡樹小鎮逗留四天，只要趕得上週日的值班即可。

當他終於坐上灰狗巴士時，心中有股莫名的不安，他沒見過潔西卡，也不知到時候能否依據聲音認出她來，還有，兩個多月沒聯繫，這樣冒冒失失地出現，潔西卡若問起，他該如何回答？

就這麼東想西想，時間飛快流逝，當窗外景象第四度變得繁忙起來時，司機宣佈紅橡樹小鎮到了。

聽到這個既熟悉又陌生的地名，迪倫的心跳得好快，像有什麼驚天動地的事即將發生一樣。

下車後，迪倫就近找了家旅館，他得先安頓好行李才行。

“這是你的鑰匙，108室。”旅館老闆對他說。

“謝謝！”迪倫收下鑰匙，“對了，請問甜蜜糖果屋怎麼走？”

“這家糖果店已經有五十多年的歷史，就在知更鳥小學對面，你不會錯過的。至於知更鳥小學該怎麼走，你先把行李放下，我再告訴你。”

等迪倫重新回到大廳，旅館老闆晃一晃手中的車鑰匙，說：“我反正要接老婆下班，順路載你一程。”

後來車子停在知更鳥小學的大門口，旅館老闆指向對面一棟色彩繽紛小屋，說：“那就是甜蜜糖果屋，不過你的動作得快，等小學生一放學，你會被淹沒在人海裡。”

迪倫道謝後下車，此時他與潔西卡的距離只有一條馬路的寬度。

“不行，我得喝口水。”他對自己說。

為了買水，迪倫走了約五百米路，再回來時，糖果屋前人頭攢動。迪倫心想這倒好，如果只有他一個人，那顯得太過醒目，他還沒想好該怎麼面對只聞其聲的潔西卡。

等他走近糖果屋，這才發現孩子們之所以堵在櫥窗前是為了爭看製糖過程（十分鐘前，那裡只有一張空無一物的長桌子，現在則堆滿五顏六色的糖糰，一名身材高大的紅髮製糖師正賣力地搓揉那些糰子，看起來刀槍不入的樣子）。

此時，一個有著紡錘體體型的老奶奶走了過來，她邊敲打櫥窗邊喊著：“潔西卡，我帶托尼回家，待會兒他有鋼琴課。”

然後櫥窗內的製糖師比了個OK的手勢，於是老奶奶帶走圍觀者之一，臨走前還能聽到那男孩的抱怨聲，大意是他媽媽製糖，卻不允許他看，這太不公平了！

面對此情此景，迪倫不禁苦笑，怎麼自己就認定潔西卡必是一名金髮、嬌小且單身（無婚史和孩子）的女性？這不挺可笑的 ？

獲知"真相"後，迪倫反倒釋然，他大方地走進糖果店，告訴收銀員：" 我要買下製糖師正在製作的糖果。"

" 所有 ？"

" 所有。"

" 那得等，因為製作完畢還得包裝。"

" 不要緊，我先付費，明天再過來取。"

付完錢，迪倫如釋重負，心想明天取完糖果就回家，他還有兩天假期，剛好可以清一清家裡屋頂上的青苔。

等步出糖果屋時，迪倫忍不住又回望一眼櫥窗裡的人。

" 再見，潔西卡。" 他在心裡默喊著。

第七章/圓臉女孩

迪倫回到旅館時，一位滿頭銀髮的老太太向他道晚安。

“晚安，我是這裡的客人。”迪倫解釋。

“我知道你是這裡的客人。”老太太笑眯眯地答，“買到你要的糖果了嗎？”

“買到了，但由於數量較大，所以約了明天取。”

“那麼你一定留意到製糖的女人很漂亮，是吧？”

迪倫感到迷惑，潔西卡雖不算醜，但離漂亮也還有一段距離，不過為了不給初次見面的老太太潑冷水，他同意製糖的女人很漂亮。

接著老太太問他結婚了沒？一得到否定的答案，她馬上追問：“你喜不喜歡像潔西卡這樣的？如果喜歡就勇敢去追，時間可不等人。”

迪倫一時不知該做何回答，還好旅館老闆適時過來解圍。

“妳又當丘比特了，”旅館老闆對老太太說，“也不怕嚇到客人？”

“怎麼會嚇到？像潔西卡這麼好的女人，還是單身，這世上可不多見。”

旅館老闆迅速放下這個話題，轉向迪倫致歉，因為自己的太太說了失禮的話。

“我不介意，你......太太是個好人。”

回答這句話時，迪倫的內心五味雜陳，一來老太太竟然認為一個帶孩子的離婚女人適合他，這聽起來很邪乎；二來旅館老闆是個中年人，可是他太太卻老得足以當他的母親，這個年齡差未免也太大了？三來老太太的年紀看著沒有八十也有七十多，居然還在上班，這上的是什麼班 ？

雖然內心有很多不解之處，但迪倫沒有進一步追問。

回到房間後，迪倫躺在床上回憶今日種種，赫然發現紅橡樹小鎮和海獅小鎮有很多雷同之處，好比兩地都有港口，所以空氣中難免有海腥味，而港口的便利之處便是海產不缺，很容易就能吃到最新鮮的魚蝦，還有，兩地房屋多是殖民時期的小木屋，居民同樣保守，也同樣樂於助人。這麼一歸納，給了迪倫一個備用選擇——哪天他若不想待在海獅小鎮，還能搬到這裡來，他相信自己很快就能融入。

次日，迪倫辦理退房，同時把行李留在櫃檯，言明中午取。

“你今天有什麼計劃？”旅館老闆問。

“先找個地方吃早餐，然後去取糖果，昨天約好了的。”

“看樣子你沒時間逛水族館。”

“水族館？”迪倫很是驚訝，“這裡有水族館？”

旅館老闆解釋不僅有，而且大得很，這還得感謝米勒先生，他把中獎彩金全數拿來興建這座水族館，私下還貸了不少款，可惜突發心臟病，無緣親眼目睹它落成，目前的經營者是他兒子。

“的確可惜，”迪倫停頓了一下，“我指的是米勒先生的離世和我錯過一睹水族館的機會。”

旅館老闆問他是否買了回程車票？他回答還沒。

“那還來得及，不是嗎？”旅館老闆又問。

迪倫欲言又止，最後還是把話吞下（潔西卡已不是他想像的模樣，沒必要為了一個水族館改變自己的既定行程，但解釋這些又有何用？）。

在一家家庭式咖啡店吃完豐盛的早餐後，迪倫徒步往甜蜜糖果屋走去，此時晴空萬里，多少沖淡秋風蕭瑟所帶來的寒意。

“日安！”糖果店收銀員笑對迪倫。

“日安！”他取下頭上的氈帽，“我來取糖果。”

“預約了嗎？”

“是的。”

收銀員問清楚名字後，開始在一個小本子上翻找。迪倫有些不安，他記得昨天的收銀員並沒有問他的姓名，只說隔天一早找她取就是。

“抱歉！我沒找到您的名字。”收銀員放下本子說。

“我的確交了錢，妳何不打電話詢問昨天下午值班的女士？”

“她住院了，我是代班的。”

聽到這個回答，迪倫怔住了，這下子該怎麼辦 ？

正當迪倫不知所措時，一名圓臉女孩推門而入，高喊著：“今天的天空好藍，看到了沒？”

“看到了。”收銀員意興闌珊地答，“妳知道海倫的手機號嗎？”

“她沒手機，只有家庭座機，妳打到她家裡去。”

“沒用的，她住院了，否則今天我也不會出現在這裡。”

然後圓臉女孩問海倫的住院原因，得到的答案是急性闌尾炎。

“上帝祝福她！”圓臉女孩答完，正要往左手邊的長桌子走去，結果被收銀員喊住 。

“潔西卡，這位先生說他昨天交了錢，海倫讓他今天過來取糖果，可是我沒在備忘錄裡找到相關記錄。”

“是昨天下午三點半左右的訂單嗎？”

收銀員望向迪倫，希望他能回答問題，結果這個男人被“潔西卡”這個名字給驚嚇到，一時沒做出反應，收銀員只好明說：“製糖師問你是不是昨天下午三點半左右訂的糖果？”

“昨天製糖的不是她。”迪倫答非所問。

“的確不是我，”圓臉女孩很淡定地答，“紅潔西卡曾告訴我昨天下午三點半左右的客人把她正在製作的糖果全訂了。”

“紅潔西卡？”迪倫問。

“是的，這裡有兩個潔西卡，為了分辨，紅頭髮的潔西卡被稱作‘紅潔西卡’，我是老員工，所以得以保留使用‘潔西卡’的特權。”

這下子迪倫懂了，但還不足以證明眼前的潔西卡正是他要找的人，尤其電話裡的聲音和現場聽到的還是有些許不同。

此時，電話鈴響，收銀員接聽，三言兩語便掛斷，接著做出解釋：“剛才是海倫丈夫的來電，他轉告今天會有人來取糖果，錢已付清，包裝好的糖果就放在長桌子底下。”

“原來放在那裡，”圓臉女孩說，“我這就過去取。”

只一會兒的工夫，迪倫的手裡便多了兩個大紙袋，裡面是一個個的小糖罐，跟兩個多月前他收到的一模一樣，看來這家糖果屋使用的罐子是統一的。

“謝謝！”迪倫對圓臉女孩說，“我能問妳一個問題嗎？”

“可以。”

“妳做過最特別的糖果是什麼？”

圓臉女孩想了一下，答：“對我來說，每個親手製作的糖果都很特別，如果真要挑一個，大概是紅橡樹造型的糖果吧！這是一個特別的朋友給的點子。”

聽到這個答案，迪倫按耐住激動的心情，微笑著說：“我沒問題了。”

第八章/計劃生變

迪倫匆匆趕回去，為他辦理續住的是旅館老闆娘，她問他為什麼改主意了？

“我……我想參觀水族館。”迪倫答。

“水族館是紅橡樹小鎮的名片，這還得感謝米勒先生，他把中獎彩金全數拿來興建這座水族館，私下還貸了不少款，可惜突發心臟病，無緣親眼目睹它落成，目前的經營者是他兒子。”

旅館老闆娘不知道今天早上她丈夫已經告訴過迪倫，所以重複述說，不過能夠做到一字不差，也挺難得的，可見兩人的默契之好。

“聽妳這麼一說，我更不能錯過。對了，老闆人呢？”迪倫問。

“他到教堂值班去了，我們夫妻倆都是義工，輪流上班。”

原來如此！

迪倫取走寄放在櫃檯的行李，正要走向自己的房間時，旅館老闆娘叫住他，說：“潔西卡太不容易了，總是把悲傷留給自己，將溫暖送給別人，即使被里奇那小子辜負了，也沒見她說一句不好聽的話，太讓人心疼了。”

“這是什麼時候的事？”迪倫停頓了一下，“我指她感情受挫這件事。”

“大概有兩年了吧？！不過你放心，她應該早忘了那個負心漢，只是你得多點兒耐心給她，受過傷的人難免對新戀情有所保留。”

原來這就是潔西卡“拒絕”他的原因，迪倫懸著的心終於可以放下。

謝過“丘比特”之後，迪倫回房將行李放下，接著匆匆出門。

第九章/綠色甲殼蟲

迪倫站在知更鳥小學的大門口，正值放學高峰，學生們魚貫而出，有的被家長接走，有的步行回家，也有一部分學生越過馬路，走向對面的甜蜜糖果屋。今天的製糖師換了，但不影響小學生們的興致，他們圍在櫥窗前爭先恐後地觀看製糖過程，和昨天的盛況毫無二致。

直到糖果屋的燈光熄了，裡面的人也一一離開，站在馬路對面的迪倫還是沒想到搭訕的理由，看來只能將希望寄託在明天。哪知已離店的潔西卡此時會踅回，並且過了馬路，迪倫走也不是，不走也不是，很是狼狽！

“嗨！有什麼事可以幫到你？”潔西卡對他說。

“什麼？”

“你已經站在這裡有好些時候了，是不是購買的糖果出了問題？”

“沒有，糖果沒問題，我只是……只是忘了該怎麼走回旅館。”

潔西卡自然問他住哪家旅館？得到的答案是——鬱金香旅館。

“我知道那家旅館，”她答，“你到對面的公交站牌下等車，坐三站地就到了。”

“三站？”

“是的，三站。”

“謝謝！”迪倫遲疑了一下，“如果不麻煩的話，能否順便告訴我水族館該怎麼走？我打算明天過去瞧瞧。”

這次無論潔西卡怎麼指路，迪倫還是聽不明白。

“這樣吧！明天早上九點我到旅館載你過去，因為糖果店十點開門，我不能遲到。”她說。

這正合迪倫的心意，兩人當下立了約定。

待潔西卡的身影遠去，迪倫吹著口哨走回旅館，這條路他太熟悉了，閉著眼睛都能走到。

隔天，迪倫洗完熱水澡，換上乾淨的衣服，然後到旅館的附設餐廳用早餐。老闆娘問他有什麼忌口的？他回答不要大蒜，其他皆可。

吃完早餐，他回房間刷牙，刷了至少五分鐘，接著對鏡整理儀容，直到確認萬無一失，他才鎖上房門，來到旅館大廳。

“我以為你昨天下午已經去過水族館了。”旅館老闆娘一見到迪倫就問。

“本......本來有這個計劃，後......後來沒找著。”他硬著頭皮答。

“這下子好了，潔西卡可以載你過去。”

“是的。”

當旅館老闆娘和迪倫對話時，潔西卡就站在旁邊，迪倫感覺難為情極了，還好這段尷尬期很短，因為旅館老闆娘催促他倆快走，別浪費時間在她這個老人身上。

走出旅館，迪倫發現潔西卡的車是有些年份的甲殼蟲，顏色是豆綠色，特別的有童趣，像開了一輛卡通車。

上車後，迪倫坦言喜歡這輛車。

“我爸說喜歡甲殼蟲汽車的人，骨子裡都很天真。”潔西卡答。

沒有人說過迪倫天真，不過他的心裡的確住著一個小孩。

“意思是妳也很天真？”迪倫問。

“我的問題就是太過天真了，誰讓我的心裡住著一個小孩。”

這不正是所謂的默契？一個人起了一個頭，另一個人馬上銜接住。

談笑風生中，迪倫得知潔西卡的父母健在，底下還有一個正在讀高中的弟弟，家庭和美。

“我不一樣，”迪倫說，“我是家裡的獨子，父母在我十多歲的時候就已相繼過世。”

“你太不容易了。”潔西卡說。

“沒事，最困難的時候已經過去了，再說，鄰居和同事們都對我很好，這多少彌補了缺憾。”

話一答完，迪倫很害怕潔西卡會順著話題問他住哪裡？做什麼工作？倘若如實回答，肯定露餡，這可怎麼辦？

好在潔西卡並沒有把焦點擺在那裡，而是談到水族館。

“你要去的水族館現在是紅橡樹小鎮的名片，它的總面積約有十公畝，大是挺大的，但由於開幕不久，加上資金有限，裡面的魚並沒有想像中多，你要做好心理準備。”她說。

“我會的，謝謝妳的提醒。”迪倫答。

其實水族館大不大？有沒有魚？對迪倫來說，一點兒也不重要，它不過是個藉口而已 。

到了水族館，迪倫下車去。

“再見，潔西卡。”他說。

“再見，迪倫，祝你有幸福的一天！”

當綠色甲殼蟲的身影消失在路的另一端時，迪倫才從震驚中清醒過來，他沒告訴潔西卡自己的名字，她是如何知道的？

思來想去，最大的可能性是旅館老闆娘洩的密，稍早前這兩人在旅館大廳完全有說話的機會。

想至此，迪倫釋懷了，轉身到售票亭購票。

第十章/授人以魚不如授人以漁

解說員首先介紹水族館成立的由來，原來創辦人米勒先生是個農場主，幾年前贏得彩票獎金，全數拿來一圓兒時夢想，可惜夢想大過彩金，即使地是免費的（從他的農地裡劃出一塊做為館址），工程還是一度中斷，後來靠著紅橡樹小鎮居民的集體籌資，才又起死回生。有感於這個水族館是全鎮人民的心血，目前的經營者（米勒先生的兒子）決定不對鎮民收費，任何時候這裡的居民都能入內免費參觀......

老實說，迪倫還未見過如此奇怪的水族館，硬件很新（空氣中還有少許的甲醛味道），但裡面的生物卻少得可憐，極地區更是空蕩蕩一片。還有，這裡的工作人員明顯比參觀遊客多，以致迪倫得到了貴賓級別的一對一解說服務。

“這座水族館的支出是不是大過收入？”迪倫提出疑問。

解說員回答是的，當初的規劃很完美，全館分為五大洲區、冷水區、極地區、海岸區、深海區等，另外還有海底隧道和兒童接觸區，可是回到現實卻很殘酷，因為海洋生物雖有無償捐贈的來源，但多數還得購買，加上維修費和人工支出都很龐大，而目前的遊客不多，主要以當地人為主，偏偏這部分又是不收費的，所以經營得很辛苦！

果然如同迪倫所想的一樣。

當他來到全程的最後一站（紀念品商店）時，店內依舊冷清。為了化解尷尬，迪倫買下一個白鯨布偶（老天！這個水族館甚至連一隻白鯨也沒有），同時還在捐款箱中投入50元聊表心意。

“我代替水族館謝謝你！”解說員說。

“哪裡，我只是略盡綿薄之力。”他答。

直到步出館外，迪倫才想到中國的一句古話——授人以魚不如授人以漁（意思是一條魚能解一時之飢，卻不能解長久之飢，如果想永遠有魚吃，就得學會捕魚的方法）。對照當下，不管買下紀念品還是捐款都不能讓水族館擺脫困境，還得開源（好比讓四方遊客湧入）才行。有了收入，其他問題自然迎刃而解，而這項工作恰恰是記者所擅長的。

於是迪倫又回到館內，除了表明身份外，還提出採訪經營者的請求。

工作人員一聽說對方是記者，很快引薦。後來迪倫與米勒先生（創辦人的兒子，也是目前的經營者）在辦公室裡相談甚歡，離去前，兩人還合影留念。

第十一章/祝妳有幸福的一天

離開水族館後，迪倫打車到知更鳥小學，心想如果趕得上中午用餐時間，也許能與潔西卡來個“不期而遇”，然而奇蹟並沒有發生。

六神無主的迪倫在小學大門口徘徊，時間已是下午一點一刻，他不知該就此離去還是繼續等待，正猶豫不決時，一個聲音響起：“嗨！你怎麼在這裡？”

迪倫轉過頭去，發現潔西卡那透著紅潤光澤的小圓臉正對著他。

“我……我……”迪倫緊張得說不出話來。

“哇！好可愛的布偶。”潔西卡說，轉移話題的意圖很明顯。

正是這個回答讓迪倫找到了突破口。

“我來是為了送布偶給妳。”他說。

“給我？為什麼？”

“今天一早妳送我到水族館，為了表示感謝，所以......”

“這個理由可不夠充份喔！”潔西卡答。

完了！這該如何自圓其說？

迪倫望向潔西卡，她的眼睛好似黑暗裡的火炬。

“因為......因為布偶的眼睛像妳的一樣明亮。”他改口。

潔西卡笑了，嘴角的兩個小梨渦像兩道龍捲風，攪得他昏頭轉向、意亂情迷。

“好，我接受你的禮物，誰讓白鯨的眼睛像我的一樣明亮。”她說。

聽到這個，迪倫趕緊把禮物奉上，接著問她為什麼會從知更鳥小學裡走出來？

“好幾名老師趕在今天向糖果屋訂購糖果，為了不耽誤他們上課，我特意挑午休時間送貨。”潔西卡答。

“為什麼老師們挑今天訂購糖果？”迪倫又問。

“因為明天是週六，小學生不上學，而週日晚上就是萬聖夜了。”

迪倫知道萬聖夜即將來臨（這也是他上紅橡樹小鎮的表面原因），但沒留意到是後天晚上。

“我註定會錯過這裡的萬聖夜，因為明天下午我就要離開紅橡樹小鎮。”他說。

“這麼快？”

“所以......”迪倫深吸一口氣，“今晚能不能與妳共進晚餐？”

“很抱歉，今晚我有事。”

“那麼......明天中午？”

“明天中午也有事，實在不好意思！”

迪倫嘴上答沒關係，但內心無比失望，潔西卡對他沒興趣，所以才會連續找了兩個藉口拒絕他。

“你吃飯了嗎？”她問。

“還沒。”他忽然又燃起了希望，“妳有推薦的嗎？”

“有，你沿著這條路往東走四個街區，會發現有個叫帕奇布的意大利餐館，他家的比薩很正宗，不會在上面擺放菠蘿或者奇奇怪怪的東西。”

這個回答代表潔西卡不會陪同他前往，迪倫只能一個人用餐。

“好的，我這就過去。”迪倫說，聲音很微弱。

“祝你用餐愉快！”

“妳也是。”

“我吃過了。”

“那......那......祝妳有幸福的一天！”

第十二章/杜倫

吃完比薩，迪倫走路回旅館，恰巧遇到正要出門接老婆下班的男人。

“杜倫，你的水族館之旅可好？”旅館老闆問。

迪倫回答很好，但心裡犯嘀咕，他叫迪倫，不叫杜倫。

回到房間後的迪倫稍作休息又出門，他感覺自己還得試試，也許潔西卡只是心情不好，心情不好的人容易將自己封閉起來，不是嗎？

當他經過旅館大廳時，已經下班回來的旅館老闆娘叫住他，問：“杜倫，你的水族館之旅可好？”

“很好。”迪倫思考了一下，“我的名字叫迪倫，不叫杜倫。”

“是嗎？怎麼住宿登記簿上寫著杜倫？”

為了證明自己所言不假，旅館老闆娘拿出住宿登記簿，上面果然寫著杜倫。

“老闆寫錯了。”迪倫拿出自己的證件，“妳看，是迪倫沒錯吧？！”

“真的寫錯了。”老闆娘喃喃道，“沒事，我改改就是。”

迪倫以為她會馬上更改，結果卻是收起簿本，同時問他覺得潔西卡這個女孩子怎麼樣？

“很好，就是有點兒......有點兒捉摸不定。”

“我說過她在感情上受過傷，你得多點兒耐心才行。”

“也許......也許她對我沒興趣，所以才會拒絕我的共進晚餐邀約。”

“今晚不成，那約明天呀！”

“我約了，但她還是說不。”

“不可能呀！怎麼會......”老闆娘忽然驚呼一聲，“哎呀！我知道了，她弟弟在外地讀高中，很久才會回家一趟，今天是星期五，又碰巧連上萬聖節，肯定回家度假了，她當然沒空陪你。”

這個推論很合理，迪倫瞬間如釋重負。

“對了，你這是要去哪裡？”旅館老闆娘接著問。

迪倫心想既然潔西卡“可能”不是故意拒絕自己，那麼就沒必要再上甜蜜糖果屋，尤其今天已經見面兩回，再多就顯得刻意了。

“我……出去喝一杯。”他答。

於是旅館老闆娘要迪倫順便把她老公叫回來，因為203房的水龍頭在滴水，他得去修一修。

第十三章/風暴來襲

縱使迪倫傳達了"命令"，但旅館老闆充耳不聞，啤酒一杯接著一杯喝。

"杜倫，潔西卡是個好女孩，你可別錯過了。話說回來，假使我有兒子，怎麼也輪不到你。"

旅館老闆顯然喝高了，忘記自己曾為了老婆的"失禮"致歉，而迪倫也懶得糾正自己的名字不叫杜倫，而是迪倫，反正明天就離開紅橡樹小鎮，誰還記得誰？

"我相信潔西卡絕對是個好女孩，"迪倫說，"否則你和你太太也不會強力推薦。"

"是的，她的確是。兩年前我太太的腸道長了腫瘤，她害怕得很，加上身體不適，脾氣變得非常暴躁，若不是潔西卡天天來家裡與她一同禱告，估計先發瘋的是我。還好上帝仁慈，腫瘤後來檢測出來是良性的，經手術切除後，現在基本已經康復了。”

原來還有這段故事！迪倫對潔西卡的好感瞬間又提高不少。

等到旅館老闆醉得兩眼迷離時，迪倫認為時候已到，於是一個有點兒醉意的人攙扶著一個神志不清的人走回去，還好旅館老闆的酒品算不錯，既沒有就地躺下，也沒有耍酒瘋。

次日，迪倫到旅館附近的快餐店吃早餐，聽到隔壁桌的客人提到下午即將有風暴來襲，屆時道路可能會封閉起來。

等他走出快餐店，原本晴朗的天空已被數朵灰色的雲覆蓋住。迪倫隱隱感到不安，當下決定即刻啟程。

“我以為你會待到中午。”旅館老闆邊辦理退房邊說，此刻的他已經完全清醒了。

“我也以為我會待到中午，但看天色不對，還是早點兒回去為妥。”他答。

當旅館老闆辦完手續時，迪倫預定的出租車剛好抵達。

“那麼再見了，杜倫，祝你一路順風。”旅館老闆說。

迪倫欲言又止，最後還是沒更正，揮揮手，上了出租車。

第十四章/被詛咒的生日

這一路，迪倫乘坐的灰狗巴士彷彿被魔鬼追趕，不僅烏雲壓頂，偶爾還飛沙漫天，還好真正的狂風暴雨並沒有迎上，這是值得慶幸的事，他可不願因此留在外地過夜 。

隔天，迪倫準時到報社值班，威爾遜小姐問他債務還清了沒？

“ 什麼？” 他反問。

“ 主編說你請假是為了還債去。”

迪倫猛然想起自己的確說過那樣的話，但是否還清了債務還真不好說，因為他感覺自己又背上新債務。

“ 基本還清了。” 他答。

“基本？”

“只要債主不催債，債務就算還清了。”

威爾遜小姐露出迷惑的表情，迪倫趕緊轉移話題，問她最近可有什麼新聞？

“海上走私日益猖獗，警察不得不加強岸邊巡邏，包括海獅小鎮。”她答。

這倒新鮮！海獅小鎮的治安一向良好，僅有的幾起小案件還是外地人所為，怎麼警察把苗頭對準這個普遍自律的小鎮？

針對疑問，威爾遜小姐答：“你大概不知道東海岸最大的走私頭子正是我們的同鄉吧？！警察猜測他極有可能逃回故里躲藏，所以把海獅小鎮納入重點巡查對象。”

迪倫問此人叫什麼名字？

“大衛•勞倫斯。”威爾遜小姐答，“這個人讀完中學就離開海獅小鎮，十幾年都沒回來過，也不知警察是怎麼想的，竟然會以為一個身價數千萬元的人還會回到這個人均月收入還不到一千五百元的小鎮？”

迪倫認識一個叫大衛•勞倫斯的人，他曾是自己的童年玩伴之一，頗具領袖氣質。當迪倫上七年級時，大衛及其家人搬往他州，走得很匆忙，連再見都沒說。

“你有這個人的相關介紹嗎？”迪倫問。

“如果你想知道他的故居，目前沒有資料，不過大衛曾就讀景點小學和騎士中學，根據這條線索，他家應該就在這兩所學校附近。”

聽到這個回答，迪倫的心咯噔了一下，這是當年的大哥哥沒錯，怎麼會淪落至此？想起來真是不勝唏噓！

“對了，”威爾遜小姐又開口，“過去四天你除了還債，還去了哪裡？”

“我去了一趟紅橡樹小鎮。”

“紅橡樹小鎮？這個名字聽起來很古板。”

迪倫告訴她除了自己被誤會叫杜倫外，的確沒什麼趣味，不過民風倒很淳樸。

“哈哈！”威爾遜小姐笑了，“總不致於那裡的每個人都喊你杜倫吧？！”

“這倒沒有，除了旅館老闆和老闆娘搞錯外，無人......”迪倫忽然停頓了一下，“無人搞錯。”

“那就好。”她瞄了一眼牆上掛鐘，“抱歉，我得把稿子交給排版工人，否則來不及印刷了。”

威爾遜小姐走後，迪倫好半天才回過神來，如果旅館老闆和老闆娘誤會他叫杜倫，那麼潔西卡又如何知道他叫迪倫？這說不通呀！唯一的解釋是她早知道他的真實姓名。

這個發現讓迪倫既害怕又驚喜，假若潔西卡已認出他來，她是怎麼想的？有沒有對他感到失望？

就這麼渾渾噩噩地捱到下班，再渾渾噩噩地回家，直到華燈初上，敲門聲響起，迪倫才清醒過來。

“不給糖就搗蛋。”一開門，披著白床單的三隻小鬼對他說。

迪倫這才憶起今晚是萬聖夜，趕緊發放糖果。

孩子們沒想到竟然會收到一個塞滿糖果的小糖罐，高興地手舞足蹈起來。

接下來，迪倫的房門一開一合，很快兩大袋的糖罐便發完了，可是敲門聲依舊，無奈之下，他只能充耳不聞，直到午夜時分才徹底擺脫惡夢。這麼一折騰，原本想打電話給潔西卡的計劃只能暫停。

次日，迪倫一打開大門便被門上的斑斑蛋液給嚇到，往外走去，果然在郵箱裡發現幾封死亡詛咒信，想來是昨晚沒討到糖果的孩子所做的惡作劇。

由於趕著上班，迪倫把信一撕（生日當天被詛咒，可真是觸霉頭），同時忽視已發出腥臭的大門，快步往報社走去。

第十五章/跟蹤

今天是萬聖節，全國放假一天，但報社的工作特殊，所以假日還得有人值班，而迪倫正是那個倒霉鬼（昨天值班，今天又值班，更倒霉的是今天他過生日，結果一大早就收到死亡詛咒信，到了辦公室還得面對一室的冷清，沒有蛋糕、禮物和所謂的“驚喜”）。

下班後，回到家的迪倫同樣沒有擺脫厄運，他來不及休息一下便拿起水桶、刷子和清潔劑，開始清理被蛋液弄髒的大門。這個舉動吸引鄰居貝爾先生的注意，他問迪倫在做什麼？

“幾個孩子扔雞蛋在門上，不論我怎麼刷，還是粘糊糊一片，而且味道難聞極了。”他忍不住抱怨。

“乾了的雞蛋液光用清潔劑清洗是沒用的，你得先用微熱的甘油進行揩搓，再用肥皂和酒精的混合液洗刷，最後再以清水漂淨。如果嫌味道臭，加點兒醋試試。”貝爾先生說。

“甘油去哪裡買？”迪倫問。

“藥店應該有。”

於是迪倫放下工具，往藥店走去。

“迪倫，今天想買點兒什麼？”藥店老闆一見他就問。

“我想買點兒甘油。”

“天氣冷，塗點兒甘油的確能滋潤皮膚。”

“不，我買甘油是為了去除大門上的蛋液。”

藥店老闆遂問他是不是昨晚沒準備足夠多的糖果，以致遭報應？迪倫答是，現在的小鬼頭一點兒也不心慈手軟。

“別發牢騷了，那些全是景觀小學的學生，算起來可都是你的學弟學妹啊!“

“呵呵！我也就這麼一說。”

此時，店內傳來咳嗽聲。迪倫頭一轉，看到一個高大的背影。

“ 原來店裡還有別的客人在。” 迪倫喃喃道 。

“ 已經在這裡好一會兒了，” 藥店老闆壓低聲音，“ 看樣子是外地人，問他要什麼也不答，真是奇怪！”

迪倫同意這的確有些怪，但哪裡沒有幾個怪人呢?

付完钱，拿上甘油的迪倫立刻回家（天氣越來越冷，夜裡尤甚，他不想頂著寒風幹活），絲毫沒注意到身後有人尾隨。

別人可以忘記他的生日，但迪倫不能，所以清洗完沾滿蛋液的大門，他換上乾淨的衣服出門去。

當酒保知道今天是迪倫的生日後，吆喝大家給壽星唱生日快樂歌，這多少彌補他今日被忽視的遺憾。

酒足飯飽後，迪倫漫步回家，遠遠的，他看到屋前郵箱內有張摺疊好的紙（彷彿怕屋主沒留意到，刻意向外露出了一截）。

“又一封詛咒信！”迪倫心想，“我今天已經受夠了。”

他沒有去取信，而是徑直走回屋內。

上床後的迪倫看了看時間，9:45，離潔西卡就寢還有一刻鐘，他猶豫要不要打個電話過去？結果這麼一蹉跎，五分鐘過去了（現在只剩十分鐘了），他不得不火速行動起來，邊撥打電話邊想著：“如果對方沒接，代表她睡了，我也可以睡個安穩覺。”

鈴聲響了數下後，他終於聽到夢寐以求的聲音。

“嗨！迪倫。”潔西卡說。

“妳……妳怎麼知道是我？”

“有來電顯示呀!“

迪倫心想如此明顯的事怎麼事先沒想到？這豈不是暴露了自己的短板？

“睡了嗎？”一問完，迪倫又後悔，如果潔西卡已經睡下，如何咬字清晰地接聽電話？

“還沒，正準備睡。”

“那晚安！”

“晚安。”

由於潔西卡沒有馬上掛斷，加上迪倫還捨不得收線，於是多嘴加上一句：“今天是我的生日。”

“那麼祝你生日快樂。”

“謝謝！”

“讓我唱首歌給你聽吧！就當是送你的生日禮物。”

迪倫按耐住激動的心，簡短地答：“好。”

潔西卡唱的是鄉村歌曲《Say Hello》，歌聲渾圓有磁性。

如果我找到他，如果我追隨他，

他會抓緊我，永遠留下我嗎？

他會借給我他的舊冬衣嗎？

會不會呢？

會不會呢？

……

唱完後，迪倫答：“會。”

“什麼？”潔西卡問。

其實迪倫回答的是歌曲裡的問句——他會抓緊我，永遠留下我嗎？可是如果明說，顯得輕浮，所以……

“我指我會借妳我的舊冬衣。”他答。

“呵呵！你真傻。”

“我是傻，所以經常錯過很多美好的事和……人。”

他們彼此沈默一會兒後，潔西卡說：“我得睡了，晚安。”

“晚安。”

然後迪倫聽到對方掛機的聲音，他也心滿意足地掛上，這下子他真的能睡個安穩覺了。

第十七章/過街老鼠

隔天一早，迪倫匆匆上班去，經過自家郵箱時，他猶豫了一下，最後還是把裸露在外的紙給推了進去。

一到報社，負責寫地方新聞的喬治就忙不迭問他聽說了沒？

“聽說什麼？”迪倫邊坐下邊反問。

“有人看到大衛•勞倫斯出現在鎮上，他是東海岸最大的走私頭子。”

“是嗎？”迪倫的內心開始不平靜，“他來海獅小鎮做什麼？”

廣告部門的摩西小姐插嘴：“也許是為了見初戀情人一面，他不是住在這裡直到中學畢業嗎？”

“不是，”迪倫立即否認，“他是11年級下學期離開的。”

“你怎麼知道？”喬治和摩西小姐同時問。

“我……我也是聽說的。”

然後這兩人開始討論起走私的風險——如果東西被截，頂多充公，人不一樣，搞不好是會出人命的。

“還能走私人？”迪倫問。

“當然，”摩西小姐答，“許多落後國家的人恨不得飄洋過海而來，等拿到身份，再把全家都接來，然後生一大堆孩子等著領社會救濟金和生活補助費，還有什麼比這個來錢快？”

“大衛也走私人嗎？”迪倫又問。

喬治答只要能賺錢，聽說這個頭子無所不幹，這也是海警全數出動的原因，因為我們的國家已經被接踵而至的偷渡客給搞得頭疼不已。

原來如此！

下班後，迪倫彎到超市採購，然後提著大包小包回家，經過自家郵箱時，他不忘取走裡面的信件。

等他把採買的東西都一一歸位後，才得空坐下來拆信。當他拆完第二封時，赫然發現夾在信件裡的紙張，一不做二不休，他果斷打開，結果很出乎意料。

“搞什麼？”迪倫放下紙張，“這也太無聊了！”

等所有信件都拆完後，他忍不住又回望一眼塗鴉，這一看，看出了端倪，記憶一下子跳回到十多年前......

“這五個圈代表我們五人，彎刀則是權力的象徵，”身為大哥的大衛指著地上的沙畫，“你們當中只要收到這個行動暗號，立刻到總部報到。”

寒來暑往，當年的五人皆已四散，只有迪倫又重回家鄉，如今再度收到行動暗號，他第一個想到的便是已被海警盯上的過街老鼠——大衛。

考慮再三，迪倫還是決定探一探虛實，於是拿上手電筒出門去。

第十八章/各奔前程

海獅小鎮的北部是火焰山，長年煙霧瀰漫，宛如仙境；南部則多平原，這也是居民聚集之處，商業街和港口也在此。如果你是個孩子，很大的概率會往北部跑。

“我有個版圖擴充計劃，海獅小鎮做為第一站，當然得有個總部，那麼就設在1號洞穴吧！”大衛說。

既然標榜1號，應該有2號、3號、4號……等才對，可是五個孩子找來找去，最終只得一個洞穴，無奈只能將就了。

接下來的日子裡，他們五人在這唯一的洞穴裡開過無數次會議，由於是祕密會議，自然不能讓別人知道，所以每當收到大衛發出的開會邀請（行動暗號）時，另外四個孩子都會守口如瓶地趕到，哪怕必須對家人撒謊。

今晚，已經十多年沒收到行動暗號的迪倫又來到1號洞穴所在的山區，四周矗立著光禿禿的樹幹，顯得相當陰森（如果夏天來，洞穴會被密林遮擋住，一般人很難找到。現在是初冬，相對好找些，但有誰會在大冷天裡上山？）。

迪倫邊拿手電筒照明邊踩著枯葉前進，越靠近，心中越忐忑，大衛真的在裡面嗎？

“芝麻開門。”迪倫站在洞穴外喊。

無人回應。

“芝麻開門。”迪倫二度喊著。

依舊只有風聲蕭蕭。

迪倫的心開始動搖了，如果大衛真的在裡面，又怎會不回覆暗語？

腦海裡一產生這個念頭，一個微弱的聲音忽然響起：“阿拉祝福你！”

聽到這個，迪倫大踏步走進山洞，只見一個高大的身影席地而坐，他的臉藏在黑暗裡（為了禮貌起見，迪倫並沒有將手電筒對準對方的臉）。

“迪倫，是你嗎？”那人問。

“是的。”

“很高興你能前來赴約，你是一個人來的嗎？”

“當然。”

此時，迪倫聽到對方發出“呲”的一聲，遂問：“你還好嗎？”

大衛答不好，估計他的腎結石又再作怪了。

於是迪倫把光源往上移幾釐米，終於看到大衛蒼白的臉。

“你需要看醫生。”迪倫說。

“現在警察佈下天羅地網，就等著我出現。”

“可是……”

“我需要喝水，也許結石會自己排出去。另外，請給我一些保暖衣物，我冷死了。”

迪倫答沒問題，他這就去準備。

“迪倫……”大衛氣若游絲地喊著。

“什麼？”

“我能信任你嗎？”

“當然。”

後來，迪倫從家裡拿來飲用水、食物和被褥，還在山洞裡升起火來。

“謝謝！你今日為我所做的一切，他日我必數倍奉還。”大衛說。

“別提這個，我們是兄弟，不是嗎？”

為了照顧兄弟，迪倫每天往山上跑，不管是生活所需還是藥品，他都儘量滿足，直到外面的風聲沒那麼緊張，同時大衛的身體也基本恢復健康，離期才正式提上日程。動身前，大衛交給迪倫一個郵箱地址，說：“有事請寄到這裡來，每隔一段時間我都會派人取走裡面的信件。”

“好的，你多保重！”

“你也是。”

他們匆匆擁抱一下，然後各奔東西。

第十九章/伍德太太

照顧大衛的同時，迪倫仍不忘給潔西卡打“床前電話”，頻率也從“偶爾打”變成“經常打”，後來則是“天天打”，彷彿成了一種習慣或儀式。

大衛離開後的當天晚上，迪倫終於可以提前撥打電話。

“你今天早了。”潔西卡說。

“什麼？”迪倫問。

“以前你總是九點過後才打。”

“那......那我待會兒再打來。”

電話那頭傳來銅鈴般的笑聲，迪倫問她笑什麼？

“你很傻。”

“我……如果我說想見妳一面，這樣傻不傻？”

可怕的沈默蔓延開來，迪倫立刻感到後悔，好不容易才恢復“邦交”，這下子全毀了……

“不傻，我也想見你。”她終於答了。

聽到這個，迪倫彷彿在做夢，問：“真的？”

“當然是真的，只是現在天氣仍然寒冷，等暖和點兒，我們再見面。”

從那時起，迪倫就天天盼著春天趕緊到來。當春天真的來臨，他即刻啟程，按約定，潔西卡會在終點站等他。

本來迪倫還有些許擔心，害怕潔西卡看到他時會無比震驚，結果一見面，對方表現淡定，這讓迪倫更加確信上回潔西卡的確認出他來了。

“你變瘦了。”她說。

“想妳的。”他答。

迪倫以為潔西卡又會說他傻，但沒有。

“這次還是住鬱金香旅館嗎？”她問。

“是的，只是我不知道該如何解釋自己又故地重遊了。”

“就說你來見女友。”

“我可以這麼說嗎？”

“當然可以。”

迪倫仍不放心，又問：“真的可以嗎？”

潔西卡哈哈大笑，答：“你真傻！”

等假期一結束，他倆的感情又升溫了，並且與日俱增。當秋風吹起時，這兩人已經分不開彼此，於是做出一個重大決定。

“妳確定要搬到海獅小鎮？”迪倫問。

“當然，我們之間總要有一個人做出改變，否則如何廝守在一起？”

“潔西卡，妳真好，此生我絕不辜負妳！”

婚後，潔西卡冠上夫姓，成了伍德太太。

第二十章/
紅橡樹糖果屋

伍德太太在景點小學的對面開了一間鋪子，店名就叫《紅橡樹糖果屋》，主打紅橡樹糖果，每天總能賣出十多罐，只是他家的門頭招牌很奇怪，不僅跟紅橡樹一點兒關係也沒有，甚至猜不出這是一家糖果店。

每當有人問起《紅橡樹糖果屋》的門頭招牌為什麼是一條躍出水面的白鯨時，伍德夫婦總笑而不語，這是他倆的祕密，小氣到不願與他人分享……

今天，迪倫一進到報社就聽說走私頭子又重出江湖。

“哪個走私頭子？”迪倫邊坐下邊問。

“還能是誰？當然是大衛•勞倫斯。”喬治答。

“是嗎？”迪倫低下聲，“我以為他已經銷聲匿跡了。”

“怎麼可能？”威爾遜小姐接棒，“人一旦走偏了，很難再回到正軌，即使有心，錢這一關也通不過，因為若不走旁門左道，他拿什麼支付窮奢極侈的生活和隨從的工資？”

摩西小姐跟著起鬨，她表示警察已投入更多的人力和物力，誓必逮捕他歸案……

“這可是理查說的？”喬治問摩西小姐。

“正是，所以可信度很高。”她答。

迪倫和潔西卡辦完婚禮後沒多久，凱特也結婚了，新郎是鎮上的警察——理查。想當然爾，這名警察成了摩西小姐的表妹夫。

迪倫躊躇了一會兒後，問摩西小姐可知道警察接下來的重點盤查區域在哪裡？

“哈哈！”她大笑兩聲，“這可是機密呀！理查就算知道也不會告訴我。對了，你為什麼問這個？莫非想通風報信？”

“怎麼可能？”迪倫笑得很尷尬，“我又不認識大衛。”

其實摩西小姐還真猜對了，迪倫的確想通風報信，可惜得到的訊息實在太少了。

下班後，迪倫特意繞到景點小學，此時已過了放學高峰期，但紅橡樹糖果屋的櫥窗前依然人頭攢動，時光彷彿一下子跳回到一年多前，那時他就站在知更鳥小學的大門口，眼瞅對面的甜蜜糖果屋，潔西卡圍著白圍裙，正在製糖……

就在這時候，前方忽然有了騷動——潔西卡走出糖果屋，像是宣佈了什麼，孩子們紛紛轉頭看他，接著向他跑來，那氣勢頗為壯觀。

“你好棒！”第一個孩子氣喘吁吁地說。

沒等迪倫反應過來，溢美之詞全出籠了。

“你太帥了！”

“你真聰明！”

“你的牙齒好白！”

“你長得真高！”

“你的衣服很乾淨！”

……

孩子們說完後又急急忙忙跑回去（潔西卡給完成任務的人分發糖果），現在迪倫總算知道是怎麼回事了。

等孩子們都離開後，迪倫這才走過去，問：“妳的腦袋瓜裡究竟在想些什麼？”

“人生偶爾也得不按既定的路線走。”

“妳真淘氣！”

“哈哈……”潔西卡忽然笑不可支，“你該看看自己方才的那副傻樣兒。”

不用說，迪倫當時的臉部表情一定很驚愕。

“妳真淘氣！”迪倫重複說過的話。

這次他倆相視而笑。

第二十一章/天使心

迪倫的下班時間是五點，潔西卡是六點，通常迪倫會利用這一個小時的時間差上超市採買或回家打掃衛生（橫豎要做，迪倫心想就讓自己來吧！這樣也能讓潔西卡少點兒勞累）。

其實不只迪倫會心疼太太，潔西卡也同樣心疼丈夫，如果迪倫拖了地，潔西卡便抹桌子；他若挽起袖子煮飯，她便負責擺盤倒水。反正倆口子的默契極佳，幾乎沒紅過臉，可說是公認的模範夫妻。

這一天，迪倫踢完週末足球賽回家，發現潔西卡紅著眼睛。

“妳怎麼了？”他問。

“沒什麼。”她笑著回答。

“是不是又讀書了？”

“只讀了幾章。”

潔西卡喜歡閱讀，這原本不是壞事，問題是她太容易與作者產生共鳴，尤其最近讀的書多半消沈，這不是好事。

“有一天我要把妳的那些有毒書籍全燒了。”迪倫說。

“你不會。”

“我會。”

“你愛我，所以你不會。”

這下子迪倫沒輒了，誰讓他愛她入骨？何況潔西卡除了這個“缺點”外，再也找不到其他（有時迪倫不免希望她能不完美一些，好比自私一點兒或偶爾鬧點兒小脾氣，這樣才不會總是吃虧、總是讓淚水往肚裡流）。

“琳達還經常遲到嗎？”迪倫坐下後問。

“她有三個孩子要養。”

這個回答的意思是——琳達還是經常遲到。

“同情歸同情，但公事公辦，我們的錢不是長在樹上，我建議妳辭了她。”迪倫說。

潔西卡答她自有定奪，於是這件事又擱了下來。

幾天過後，聽說琳達被她的易怒症老公給打斷腿，雖然這聽起來有點兒不厚道，但迪倫真的鬆了一口氣，心想這下子打發人總算有了名目。哪知潔西卡後來不僅到醫院探望琳達，還給了錢（因為聽說她家老大沒錢參加夏令營），同時承諾為她保留職位。

迪倫聽聞後喟然長嘆，誰讓自己的太太心慈手軟，他也只能睜一隻眼閉一隻眼了。

第二十二章/人身安全保護令

海獅小鎮新開了一家馬克杯工廠，聽說專門生產刻上稱謂的杯子。為了給潔西卡帶來驚喜，迪倫偷偷買了一對分別刻上“丈夫”和“太太”的杯子，還說等孩子出世後，再把“兒子”或“女兒”的杯子買回來。

“如果生的是雙胞胎兒子或雙胞胎女兒怎麼辦？”潔西卡邊撫摸刻上“太太”的杯身邊問。

“那就買不同色的兩個，這樣就不會搞錯了。”

“有‘孫子’和‘孫女’的杯子嗎？”

“有，當然有。”

“嘻！那太有趣了。”

迪倫以為家裡的杯子至少能湊齊十個，同時加緊往那個方向努力，可惜上帝還是沒給夫婦倆送來安琪兒，這麼一蹉跎，半年過去，而琳達也重新回到工作崗位，因為她的腿傷好了。

夜裡，躺在床上的迪倫半認真半開玩笑地說：“如果琳達的老公脾氣一上來，又把她的另一條腿給打斷了怎麼辦？”

“不會的，她已經申請人身安全保護令，哈利被禁止接近他們母子四人。”

“他倆離婚了嗎？”

“還沒，正在辦。”

迪倫隱隱感到不安，哈利的暴脾氣是鎮上出了名的，如果早知道此人的太太會前來求職，他肯定提醒潔西卡別惹禍上身。話說回來，即使事先告知，潔西卡也未必聽他的，因為在她眼裡，每個人都善良，會使壞乃曾經受傷害，說到底，值得同情。

“怎麼了？你好像有心事。”潔西卡說。

“我擔心妳啊！”

“沒什麼好擔心，”她擁住他，“生死都是註定好的，如果我死了，你得答應我要好好活下去。”

“說什麼傻話？”他撫摸她的頭，“以妳的健康狀況，我們的杯子起碼能收集到孫子輩。”

隔天吃完早飯，迪倫看到潔西卡把白鯨布偶放進塑料袋內，遂問為什麼？

“這布偶已經一年多沒洗了，我打算下班後把它送到乾洗店。”她答。

“既然髒了就扔了吧！我再買個新的給妳。”

“再買就不是同一個了，而且新玩偶未必有明亮的眼睛，像我的一樣。”

白鯨布偶是在不得已的情況下買的，又在化解尷尬的情況下送出，沒想到潔西卡一直很寶貝它，甚至為白鯨布偶安排了一個專屬的座位。

“好吧！隨便妳。”迪倫停頓了一下，“今天我跟佩雷斯先生的家屬約了下午五點見面，就在糖果屋附近，結束後我去接妳下班。”

“是送奶工佩雷斯先生嗎？”

“是的，他前天過世了。”

“上帝安息他！”潔西卡哀嘆一聲，“我會等你接我下班。”

於是迪倫親吻潔西卡的臉頰，然後轉身上班去 。

第二十三章/天崩地裂

拜訪佩雷斯先生的家屬前，迪倫曾行經紅橡樹糖果屋，本來想進去跟潔西卡打聲招呼，但看到從櫥窗前一閃而過的身影，他遂改了主意，心想還是別和琳達打照面為佳。

當佩雷斯太太坐在客廳裡侃侃而談死去的老公時，一連串的警笛聲傳來，讓人不寒而慄。

“怕是哪裡失火了。”佩雷斯先生的弟弟說。

“不是，”佩雷斯太太立即否定，“這分明就是警車和救護車，因為消防車是每三秒長聲，間隔一秒；救護車是高音一秒，平音一秒，再間隔一秒；警車則非常急促，中間沒有間隔。”

迪倫以前沒留意到這其中的差別，既然佩雷斯太太言之鑿鑿，應該就是警車和救護車了，只是這平靜的傍晚會出什麼事？

“你要不要打回報社問問？”佩雷斯先生的弟弟問，“記者不是對新聞敏感，總是第一個得到消息嗎？”

在進入未亡人家中前，迪倫總習慣關手機，此時此刻，他不想為了此事打開手機，因為如此一來會延長採訪時間，他可不想讓潔西卡等。

“不用了，反正等著看明天的報紙就是。”迪倫答。

採訪結束後，迪論步出屋外，結果還沒走出巷口就聽到懷特太太火急火燎的聲音：“迪倫，原來你在這裡，快，潔西卡出事了。”

“出……出什麼事？”迪倫喉嚨發乾地問。

“你去糖果屋就知道了。”

聽到這個，迪倫快步跑向糖果屋，像在做百米衝刺，連拉起警戒線的警察也沒能攔住。

“喂！裡面不能進。”警察邊追邊喊。

迪倫哪管得了這個，直衝進去，結果看到糖果屋內一片狼藉，到處血跡斑斑，地上還有一隻帶血的布偶。

“這……這是怎麼回事？”迪倫喃喃道。

追進來的警察答：“哈利持槍把人給殺了，包括兩名大人，三名小孩。”

“兩名大人？”迪倫像被雷擊中，抓住那名警察的前襟，怒吼，“誰？”

“琳達和……和……你太太。”

聽到潔西卡的名字，迪倫感覺天崩地裂，他方寸大亂地問：“人呢？”

“送醫院了。”

迪倫立即拋下警察，往醫院奔去。

第二十四章/心碎

急救室裡沒有潔西卡，因為人送過來時已經呈腦死狀態，通俗地說——沒救了。

“妳說什麼？我沒聽清楚。”迪倫問。

於是護士又複述了一遍。

“不可能，”迪倫猛搖頭，“我太太今天早上好好的，我們還約了一起回家，怎麼可能說沒就沒了？”

“我看還是讓醫生跟你說吧！”

醫生說的果然詳細多了，包括死者身上總共有四個彈孔，造成致命的傷處在心臟，子彈由右後肩穿過上腔靜脈，再從左心室瓣膜射出，幾乎不給人有活命的機會……

"胡說！那不是潔西卡，不是！"說完，迪倫抱住頭，哭得像個孩子似的。

"迪倫，我想你需要一位心理醫生。"

"不！"他吶喊著，"我不需要心理醫生，我要的是潔西卡！"

然而再多的抗拒和自以為是皆枉然，潔西卡並沒有因此復活，迪倫註定再也無法收集更多的杯子，即便那個刻上"太太"的杯子，也將永遠塵封……

第二十五章/殘酷的真相

有很長一段時間，迪倫陷入自我懷疑之中，他的太太死了，他卻活得好好的，這很可恥，連多呼吸一口氣都是罪過。

“迪倫，我知道這很難，但你得走出來。”神父隔著小窗對他說，“潔西卡已經回到上帝的懷抱，你要相信此刻的她內心充滿喜樂，你也不要懷恨在心，試著去原諒和祝福。”

聽到這個，迪倫忽然覺得向神父告解是一件愚蠢的事，他可以祝願潔西卡的內心充滿喜樂，但不可能不懷恨在心，如果哈利事後沒有飲彈自盡，天涯海角他都會找到他，讓這個可恨之徒嚐嚐被報復的滋味！

離開教堂後，迪倫步行至不遠處的墓園，那裡躺著他這輩子最珍視且鍾愛的人……

“潔西卡，昨天房東說要把糖果屋拆掉重建，問我有沒有東西遺留在裡面？於是我又重回事故現場。對我來說，這很困難，因為那裡還保留事發時的狀態，只要一想到妳為了救孩子而殞命，我的心就好痛，好痛……後來我拿走帶血的白鯨布偶，不管上面的血是不是妳的，也算是給我留了一個念想。”

警察曾說哈利持槍殺了糖果屋內的兩大三小，但並沒有說他殺光裡面的所有人，收銀員瑪麗便是倖存者。後來瑪麗向迪倫描述整個案發經過，原來當天琳達的孩子來找母親，老三湯姆發現布偶，她還制止他碰，但潔西卡說沒關係，反正待會兒送洗。到了近五點鐘，哈利進到糖果屋內，大喊琳達的名字，由於手裡握著槍，店內客人紛紛逃離（還好正值暑假期間，櫥窗前少了觀看製糖過程的孩子們）。潔西卡來不及脫下製糖用手套，一邊要瑪麗泡茶，一邊走向哈利要他冷靜下來，哪知哈利用力推開潔西卡，然後給了琳達好幾槍。瑪麗嚇得躲到櫃子下面，緊接著數聲槍響，她大氣不敢吭一下。待腳步聲遠去後，她才站起身查看，結果發現潔西卡趴在三個孩子的身上，那隻布偶還被湯姆抱在懷裡……

這個真相無疑將迪倫推向更痛苦的深淵，很明顯，哈利的殺戮對象並不包括不相干的人（否則瑪麗也不會全身而退）。換言之，倘若他行經糖果屋時能進去打聲招呼，也許就能拯救自己的太太，至少"捨身救人"的情況不會發生。

" 潔西卡，我該怎麼說妳？" 迪倫仰天長嘆，" 妳對別人仁慈卻對我殘酷，失去妳，我要怎麼活下去？怎麼活下去？"

第二十六章/意外的訪客

報社雖然理解迪倫正處於人生的艱難時期，但職位不能老空著，於是法定喪假日一過，主編委婉地詢問他可有回來工作的打算？

“不了，我的工作是寫訃聞，現在的我根本無法面對任何死亡事件。”他在電話中答。

“我了解，你的確需要更長的時間去撫平傷口。這樣吧！你的薪水我幫你爭取發到這個月月底，以後如果有什麼需要，告訴我一聲，上帝祝福你！”

沒想到這個撫平傷口的時間長得超出想像，一眨眼，兩年過去了，鎮上的人也從同情轉為冷漠，一提起迪倫，無不搖頭嘆息地給出評價：“哎！那個自我放逐的人。”

自從失去報社的工作，一開始，迪倫靠失業救濟金過活，半年後，勞工開發部安排他去掃公園，他嫌麻煩，沒去，結果連唯一的收入也被收回，還好住房是父母留給他的，不致於睡大街，但日常所需還得解決，於是迪倫成了垃圾桶的淘客，逢大件物品回收日，更是滿載而歸，所以也難怪鎮民的態度會丕變，當初的陽光小子如今與社會嚴重脫節，任誰看了都會惋惜。

這一天夜裡，屋外響起歡樂的笑聲，依稀能分辨是孩子們在討要糖果，“不給糖就搗蛋”的話語此起彼落。

“原來又到了萬聖夜。”迪倫對著帶血的白鯨布偶說，“放心，不會有孩子來敲我們的門，因為我現在是個怪人，人見人怕。”

話音剛落，敲門聲響起。

“完了，是孩子們來討要糖果，”迪倫心想，急得像隻無頭雞，“我該怎麼辦？”

此時，他忽然憶起幾天前在垃圾桶內找到的巧克力，雖然過期了，但應該不礙事，於是捧著鐵盒子去應門。

“迪倫，看看你現在成了什麼樣？潔西卡若見到了，該有多傷心！”

迪倫萬萬沒想到屋外站著的是他的岳父岳母，一時竟無言以對。

“你打算讓我們在屋外站著嗎？”岳父又問。

他只好讓開身，讓兩位老人進屋。

面對眼前一屋子的凌亂，只一會兒的工夫，站著的訪客便決定帶迪倫回紅橡樹小鎮。

“不，我在這裡很好，不想去任何地方。”迪倫邊答邊感到困窘，家裡的沙發堆滿雜物，連邀請客人入座都開不了口。

“你一定得跟我們走，”岳母說，“這個家已不成家，到處是垃圾，味道也不好聞，竟然還有個髒兮兮的玩偶，你真能忍受？”

自從拿回白鯨布偶，迪倫就沒洗過，加上血跡乾了，顏色變得暗沈，看起來的確髒兮兮的。

“請別管我，這是我家，我能忍受就好。”

也不知是哪句話觸碰到岳母的敏感神經，她頓時泣不成聲。

“你怎能如此墮落？”岳父厲聲喝斥，“難怪潔西卡要我們帶你回紅橡樹小鎮。”

後半句話讓迪倫無比震驚，忙問這是怎麼回事？

岳父答：“芬妮做夢夢到潔西卡，她要我們接你到紅橡樹小鎮住上一段時間。”

“可是潔西卡的墓地在此，我不想離開她。”迪倫說。

岳父表示這不是永遠地離開，一旦他又能過上正常的生活，隨時可回海獅小鎮。

“讓我考慮考慮吧！”迪倫答。

隔天，當岳父岳母又來敲門時，迪倫已經刮好鬍子，穿上“比較”乾淨的衣服，同時手裡拎著一個行李箱去應門。

“現在能走嗎？”岳父問。

“可以。”

關好房門後，這三人上了車，往紅橡樹小鎮的方向駛去。

第二十七章/重新融入社會

岳父岳母的意思是讓女婿住在潔西卡的房間裡，但迪倫不願破壞它原有的秩序，主動表示自己可以住在樓梯下方的儲物間。

“儲物間沒有窗戶，也沒有供暖設備。”岳母答。

“沒事，我扛得住，若真受不了再說吧！”

事已至此，岳父岳母便不再堅持。

到了晚餐時間，迪倫才發現事情遠比想像的還要棘手（他原以為只要表現出積極樂觀的樣子，頂多住個幾天就能回海獅小鎮，但兩老人可不這麼想，他們認為迪倫首先得找一份工作，而且至少持續三個月沒被辭退才算數）。

“現在是秋末，很難找到工作。”迪倫說。

“這不是事實。”岳父答，“下個月就是聖誕節了，起碼大賣場是需要人的。”

於是迪倫到大賣場找工作，果然不費吹灰之力就得到搬運工一職。對於迪倫來說，這個結果不壞，有了工作，他就能給岳父岳母付房租和伙食費，而自己也能接觸到人群，他已經自我封閉太久，是時候做出改變。

就這樣，迪倫開始了他的規律生活。

話說迪倫工作的大賣場離岳父母家有一段距離，實施兩班制，迪倫被分配到下午班，即下午一點到晚上七點（這很好，他可以吃過午飯再出門，回家剛好又趕上吃晚飯）。然而才過兩天，迪倫就發現這個時間段太不友好了，等於一天三餐都得陪岳父岳母吃飯，簡直是酷刑，於是跟經理提調班。

“抱歉，我做不到。”經理答。

“那我也做不到。”

“什麼意思？”

“意思是我不幹了。”

年底是大賣場最繁忙的時候，因為聖誕節將至，有些員工要嘛請長假，要嘛趁機換工作。換言之，人手嚴重不足。

“等等，”經理大嘆一口氣，“讓我想想辦法。”

後來迪倫如願調到上午班，每天六點即起，剛好避開與岳父岳母共進早餐的機會，而下午下班後也有了在外吃午餐的藉口。如此一來，每天只需應付晚餐這一餐，相比從前，那要好太多了！

秋去冬来，當天凝地閉之時，迪倫已經在紅橡樹小鎮待了近三個月，是時候離開，可是當他向大賣場經理提辭職時，卻被再三挽留，無奈之下，他答應做到復活節假期結束，所以當岳父問他何時回海獅小鎮時，迪倫便把前因後果都交待了 。

“可是傑瑞一家這週末會來拜訪我們。”岳母說。

傑瑞是潔西卡的弟弟，也就是他的小舅子，目前住在離紅橡樹小鎮約兩百公里的海德堡小鎮。

“沒關係，”迪倫馬上接口，“我可以搬到旅館住。”

之所以這麼答是因為他很理解老人的難處——女婿住在儲物間，這要如何解釋？同時家裡也擠不下那麼多口人。

“等傑瑞、珍和孩子們都走了之後，你再搬回來住。”岳母說，像是為了彌補什麼。

“何必麻煩？”他答，“反正兩個多月後我就回海獅小鎮，無需搬來搬去。”

於是幾日後的週五，上完班的迪倫找了家寧靜的咖啡館坐坐，等身心都準備好才回去拿行李。離別的場景並沒有想像中難捱（事實上太一般了，甚至感受不到一絲的難過或不捨），與兩老人互道珍重和相互擁抱後，迪倫驅車到那個一開始就叫錯他名字的旅館。

第二十八章/改店名

紅橡樹小鎮的旅館並不難找，但迪倫還是捨近求遠，原因是這附近的人都知道迪倫是潔西卡的丈夫，見到他時總會說些關心但實際上讓他心煩的安慰話。他不需要這些，所以寧願搬遠一點兒，但又擔心搬進一個龍蛇混雜的地方，所以選擇他熟悉的鬱金香旅館，可是……

迪倫站在旅館前好一會兒，店名改了，連黃色鬱金香的圖標也變成紫色球花，莫非老闆換人了？

正迷惑時，一輛汽車在他身後停下，問："住宿嗎？"

迪倫轉過身去，當看到熟悉的人，很是興奮地答："是的，是的。"

“你……你是迪倫？”

“是的，是的。”他重複說著。

然後老闆要他進去，萊斯莉會幫他辦理住宿。

“原來老闆娘的名字叫萊斯莉。”迪倫邊想邊去推旅館大門。

“午安。”櫃檯前一個胖得讓人喘不過氣來的年輕女子說。

“……午安。”迪倫答。

“住宿嗎？”

“是的。”

然後迪倫掏出證件，直到女人寫下“迪倫”，他才鬆了一口氣，心想還好不是“杜倫”。

“這是你的鑰匙，112室。”萊斯莉對他說。

“謝謝！”迪倫收下鑰匙，“對了，店名為什麼改了？我記得以前叫鬱金香旅館。”

“是老闆娘堅持改的，但改過後，她老問為什麼圖標變成了紫色風信子？”

“啊？……這……”

“你聽過阿爾茨海默症嗎？老闆娘患上的正是這種病，時而正常，時而糊塗。好幾次我沒注意到，讓她偷偷溜出去，還好鄰居們都知道她患病，主動將她送回來。”

現在迪倫終於搞清楚了，包括老闆沒另娶，原來的老闆娘也不叫萊斯莉。

“這裡的附設餐廳還開嗎？”迪倫問。

“開。”

迪倫心想太好了，至少今晚的晚餐可以在旅館內解決。

第二十九章/失憶

迪倫一步入餐廳就看見有人向他招手。

“妳怎麼在這裡？”迪倫走過去問。

“七點了，我吃晚餐。”旅館老闆娘答。

此時，服務員走過來問客人想坐哪裡？

“他當然跟我坐。”旅馆老闆娘代答，然後轉頭問迪倫，“你不介意吧？！”

“當然不介意。”迪倫拉開椅子坐下，接著轉向服務員，“請給我蒜油蝦和白麵包，另外還要一杯橙汁。”

待服務員走後，旅館老闆娘問他不是不吃大蒜 ？

迪倫一頭霧水，很確定地答：“我吃。”

“那天我問你有什麼忌口的？你明明回答不要大蒜。”旅館老闆娘很篤定地說。

“哪天？”

“就是潔西卡送你去水族館的那一天。”

迪倫猛然記起的確有這麼一回事，當時他害怕吃完口氣不好，所以要求別加大蒜。

“是的，但此一時彼一時，我現在吃大蒜。”

“大蒜是個好東西，連專家都說哺乳期的婦女若吃大蒜，能給母奶消消毒。”

迪倫聽完哈哈大笑，問這是哪門子專家？

旅館老闆娘沒回答，反而問：“你喜不喜歡像潔西卡這樣的？如果喜歡就勇敢去追，時間可不等人。”

迪倫一時不知該如何回答，還好旅館老闆適時過來解圍。

“妳又當丘比特了，”旅館老闆對太太說，“也不怕嚇到客人？”

“怎麼會嚇到？像潔西卡這麼好的女人，還是單身，這世上可不多見。”

旅館老闆迅速放下這個話題，轉向迪倫致歉，因為自己的太太......生病了。

“我知道，萊斯莉已經告訴我了。”迪倫小聲地答。

大概害怕自己的太太又說出失禮的話，旅館老闆請迪倫移駕到靠近窗戶的位置。

“杜倫，”旅館老闆娘忽然對他喊出一個很久沒有聽到的名字，“別忘了待會兒潔西卡會來接你。”

“我不會忘的。”迪倫苦笑著答。

用餐過後，迪倫回到112室，和衣躺在床上。

“我該不該換個旅館？”他邊看著天花板邊自言自語，“如果不換，會不會到最後自己也會像老闆娘一樣，陷入一種時空混亂的狀態？”

隔天，迪倫六點鐘即起，來不及吃早餐便趕著去坐公交車，因為工作地相比從前又遠了一些，還好今天的公交車很準時，沒讓他久等。

“你是今天的第一位乘客。”司機對他說。

“是嗎？”迪倫把準備好的零錢投進機器內，然後取走一張票，“也許接下來的兩個月裡，我都會是第一位乘客。”

司機接著問他是不是在水族館工作？

“不是，我在沃爾瑪工作。”他停頓了一下，“這班公交車會經過水族館嗎？”

“會，終點站便是。”

原來現在坐公交車也能到，迪倫記得他那會兒去水族館，交通可沒那麼便利。

坐下後，迪倫看向窗外，晨光熹微，此時的紅橡樹小鎮被藍灰色的薄紗籠罩著，有股憂鬱的氣息。

約莫十分鐘後，車子行經知更鳥小學，迪倫忍不住往左手邊看去，甜蜜糖果屋還在，可是他的妻子卻沒了……

一股憂傷像巨石般重重地壓在迪倫的胸口上，他立即拉下車窗上的繩子。

“離下一站還有500米。”司機對迪倫說。

“我……我想吐。”他答。

司機只好停下車來。

等公交車駛遠後，迪倫才奔跑起來，並且越跑越快，越跑越快，直至身體裡的每個細胞都喪失記憶為止……

第三十章/重生的愛

下班後，迪倫在工作的大賣場買了個冷凍三明治當午餐，吃完剛好公交車來了。上車後，他特意挑左排的位子坐，這樣可以避免"睹物傷情"，然而當車子停在聖路易圖書館前（知更鳥小學的前一站）時，他還是跟隨人群下車，因為繞到圖書館後門，再沿著高速公路往回走，一樣能抵達旅館，只是如此一來，又多花費了十數分鐘。

"迪倫，怎麼今天早上沒見你出去？"旅館老闆娘一見他就問。

"我很早就出門上班。"

"上班？"

“我在沃爾瑪上班，靠近港口的那一家。”

旅館老闆娘表示她知道那家大賣場，挺遠的，問迪倫為什麼不換個近一點兒的？

解釋這個得話說從頭，等他答完，旅館老闆娘紅了眼眶。

“妳怎麼了？”迪倫問。

“我想起了潔西卡，這麼好的姑娘卻被槍殺了，你一定很難過吧？！”

迪倫忘了小鎮人口少，每個人都彼此認識，幾乎沒有祕密可言，何況這則新聞曾登上當時的全國頭條，沒理由旅館老闆娘會不知情。

“咳咳！”迪倫咳嗽兩聲，正想著該如何回答時，眼睛瞄到旅館的圖標，“我記得這家旅館以前叫鬱金香，怎麼改名了？”

新話題打開旅館老闆娘的話匣子，她說她喜歡鬱金香（尤其是黃色的），這也是店名的由來，可是有一天一位客人卻告訴她“黃色鬱金香”代表無望的愛，從此怎麼看怎麼不舒服，所以改為風信子旅馆，因為風信子代表重生的愛，也就是忘記過去的悲傷，開始嶄新的愛。

“忘記過去的悲傷，開始嶄新的愛。”迪倫複述著，“這個寓意很好！”

“是的，剛好我丈夫喜歡紫色，所以圖標便選擇紫色。”旅館老闆娘停頓了一下，“你該不會不知道風信子有很多種顏色，紫色只是其中一種吧？！”

迪倫的確不知道，但仍點頭答知道。

“哎呀！看我又拉著客人說個不停。”她笑得很無邪，“你剛下班回來，一定很累，還是趕緊回房休息，我也要到郵局寄封信。”

於是他們互道再見，然後往各自的方向走去。

第三十一章/失而復得

迪倫沒有睡午覺的習慣，可是今天不知怎的，才在床上眯了一會兒便睡著了，再醒來時已是傍晚時分，他決定出門找吃的，結果在旅館大廳遇到一臉焦急的老闆。

“怎麼了？”迪倫問。

“我太太不見了。”

“不見了？什麼時候的事？”

“應該是下午兩、三點的時候，當時萊斯莉有事外出，我又忽然肚疼，所以離開櫃檯一會兒，我猜我太太就是那時候離開旅館的。”

迪倫想起那個時間段自己曾見過老闆娘，遂告知可能的去向。

“這麼說她去了郵局，我這就過去找。”旅館老闆說。

“我也一起去。”

結果找了附近幾家，依然無果。

“喬奈兒，”旅館老闆趴在駕駛盤上無助地呼喊著，“妳到底在哪裡？”

迪倫很想安慰他幾句，卻又不知從何說起。此時，手機鈴響，旅館老闆的聲音立刻從消沈轉為高亢，待通話結束，迪倫問：“是不是你太太找到了？”

“是的，”旅館老闆啟動車子，“原來她在路上遇到熟人，兩人進到咖啡廳裡敘舊，一聊天就忘了時間，而咖啡廳的老闆還以為我知道太太的去向。”

一路上，車子風馳電掣，像有什麼在後追趕著。沒多久，迪倫看到風信子旅館前站著一位微胖的女性，看見來車，高興地揮舞雙手。

“你瞧，我找了她一下午，她反倒沒事似的，看我不罵她才怪！”旅館老闆說。

結果一下車，剛剛還說要罵人的男人立即摟緊太太，一句話也無。

迪倫靜悄悄地走開，他多麼希望潔西卡也是與人聊天忘了時間，而不是永遠地在他的世界裡消失……

第三十二章/祝福

時間匆匆又過去數日，現在迪倫終於摸索出與旅館老闆娘的相處之道——如果她喚他迪倫，便是正常；如果她喚他杜倫，代表她又迷糊了。

“杜倫，你為什麼改主意了？”旅館老闆娘聽說他要辦理續住，遂問。

“這很正常，”萊斯莉搶答，“也許我們的旅館很令他滿意。”

“杜倫，是這樣的嗎？”旅館老闆娘不依不饒地問。

當初迪倫預定住宿七天是因為身上的現金不夠，等工資一發下來，便想著把這個月剩下的天數一次性付清，沒想到引起老闆娘的誤會。

“是的，我很滿意貴旅館，所以決定續住。”他答。

“那麼你一定要抽空去一趟這裡的水族館。”

“我去過了。”

旅館老闆娘充耳不聞，依舊熱情地介紹：“水族館是紅橡樹小鎮的名片，這還得感謝米勒先生，他把中獎彩金全數拿來興建這座水族館，私下還貸了不少款，可惜突發心臟病，無緣親眼目睹它落成，目前的經營者是他兒子。”

“聽妳這麼一說，真的很值得再去一次。”迪倫趕緊換話題，“對了，老闆人呢？”

“他到教堂值班去了，我們夫妻倆都是義工，輪流上班。”

話甫歇，旅館老闆從某個房間走出來，邊答“我剛做完義工回來”邊對迪倫使眼色。

“這麼快？”他太太問，“我以為你下午才會回來。”

“現在已經是下午了。”

“是嗎？”

“是的。”

然後兩夫妻邊聊邊往外走去，聲音逐漸模糊。

“他倆去哪兒？”迪倫問萊斯莉。

“應該是散步去了，不到太陽落山不會回來。”

迪倫的腦海裡立即浮現那兩人手牽手漫步的情景。

“這對夫妻的感情真好，不是嗎？”迪倫說。

“是的，我也想快點兒找到那個陪我散步、看夕陽的人。”萊斯莉收回遐想的目光，“你找到了嗎？”

“找到什麼？”

“那個陪你散步、看夕陽的人。”

迪倫不僅找到了，還曾擁有過一段幸福無比的時光，只是時間太過短暫......

“找到了。”迪倫答。

“太好了！”萊斯莉把眼睛笑成彎月型，“祝你和那個人能永遠幸福下去。”

第三十三章/第二次參觀水族館

童話故事裡的王子和公主最後都以"從此過上幸福快樂的生活"完結，然而現實世界裡卻很難做到，因為即使身份高貴，相愛的兩人也難免不會為了小事磕磕絆絆。每當這時候，迪倫總心懷感激，因為他和潔西卡雖然不是王子與公主，但真的過上幸福快樂的生活（至少迪倫是這麼認為的），這還得感謝潔西卡寬大的胸懷。然而為什麼美好的日子總是如此短暫？莫非上帝也嫉妒他倆？倘若真是那樣，迪倫的信仰恐怕要坍塌了，因為長久以來他一直堅信所有的安排都是上帝的恩賜與祝福，包括死亡……

這一天，迪倫因為瑣事與大賣場的另一名員工鬧矛盾，帶著怒氣的他故意坐上反向車，打算看看不一樣的風景，好轉換心情。結果上車沒多久，他便猛然憶起自己下班忘了打卡，於是拉下車窗上的繩子 。

“離下一站還有800米。”司機對他說，“你該不會又想吐了吧？！”

司機用了“又”字，迪倫遂把目光投向他，那張側臉看起來有些面熟。

“有一天，車子剛離開知更鳥小學站，你就拉鈴說想吐。”司機邊解釋邊從後視鏡瞄他。

現在迪倫終於想起來了，的確有這麼一回事 。

“不，我不想吐，請繼續開車。”他答。

可是當車子抵達下一站時，下車與不下車反倒成了兩難，因為這是港口站，想坐反向車回鎮上的人很多，他不見得能擠上。

“我看我還是在下一站下車吧！”迪倫說。

“既然這樣，何不多坐兩站？等看完水族館再走。”

迪倫記起這班公交車的終點站正是水族館，多年未見，看看也好，於是接受司機的建議。

到了終點站，迪倫有點兒不敢相信自己的眼睛，因為從前的水族館門可羅雀，如今卻是人潮洶湧，連購票都得排隊，簡直不可同日而語。

當輪到迪倫時，售票員告訴他可走本地居民通道，不需要買票。

“我不是本地人。”迪倫說。

“你是潔西卡的丈夫，不是嗎？這麼好的姑娘卻......抱歉！我話多了。”

“沒事，我這就過去。”

迪倫注意到只要待在一個小鎮夠久（不論紅橡樹小鎮或海獅小鎮），人後的稱謂很可能變成“愛喝咖啡的某先生”或者“總是穿花裙子的某小姐”，可想而知，如今的他已成了“妻子被槍殺的伍德先生”。換作從前，迪倫可能又要沈浸在痛苦的深淵裡無法自拔，但現在他已經能夠接受旁人偶爾提到他那可憐的妻（不接受也不行，因為旅館老闆娘發病時總會提到潔西卡，久而久之，他被迫習慣了）。

只一會兒的工夫，迪倫便已將心情重新整理好，然後踩著穩健的步伐往驗票口走去……

第三十四章/迷霧

進入水族館之後，迪倫很快發現不一樣之處，不僅館內生物明顯增多，極地區甚至出現北極熊和企鵝，還有，遊客相比從前要多出很多，所以不可能再有貴賓級別的一對一解說服務（還好這不是他第一次參觀，不聽解說也無所謂，於是想當然爾地離開隊伍）。當他行經中央大屏幕時，如果不是有位老師正在向一群小學生介紹白鯨，迪倫很可能會錯過。

“白鯨是鯨類王國中最優秀的‘口技’專家，能發出幾百種聲音，包括人類的聲音……”那位胖胖的女老師侃侃而談，背後有一條白鯨游來游去。

“老師，”一位小朋友發問，“為什麼水裡只有一條白鯨？它不孤單嗎？”

“這是個好問題，也許待會兒我們找工作人員問問。”女老師答。

待那群師生走開後，迪倫才靠過去，隔著一層玻璃，那條白鯨正與他對視，明亮的眼睛讓他聯想起自己那已去世兩年多的妻。

“潔西卡。”迪倫邊唸愛妻的名字邊撫摸，若不是中間有層玻璃隔著，他應該可以觸碰到白鯨的臉頰。

沒想到那條白鯨接下來的舉動竟是將臉貼緊玻璃，像是回應迪倫的呼喚。

這是迪倫第一次感覺到離潔西卡如此之近，他痴痴地望著這條水中生物，像被一種力量牽引著，白鯨游到東，他的目光跟到東;白鯨游到西，他的目光也跟到西，好似永遠也看不厭......

直到閉館的廣播聲響起，他才驚覺自己已經站在玻璃屏幕前這麼許久，怕有兩個小時了。

“再見，潔西卡。”迪倫對白鯨說。

那條被迪倫喚為潔西卡的白鯨在水中翻了個跟斗，彷彿也在向他道別。

隔天下班後，迪倫迫不及待又來到水族館，與昨天不同的是，此時中央大屏幕前站著的不是一群師生，而是亞洲遊客，他們不僅對著白鯨品頭論足，還打開閃光燈拍照。可憐的"潔西卡"似乎受到驚嚇，在水裡來回逃竄。

"請別打開閃光燈拍照。"迪倫大聲嚷著。

嘈雜聲立即停了下來，但只一會兒工夫又故態復萌。

"老天！"迪倫火冒三丈，"你們聽不懂我說的嗎？請別打開閃光燈拍照。"

興許聲音大了點兒，拿著小旗子的導遊匆忙趕來，問出了什麼事？

"閃光燈會嚇到白鯨。"迪倫解釋。

"對不起，"他鞠了個45度躬，"我會告訴我的團員。"

待觀光客離開後，迪倫對白鯨說："別怕，我會保護妳！"

那天，迪倫同樣待到閉館的廣播聲響起，才依依不捨地離去。

從此，"向水族館報到"成了迪倫不可推卸的使命（萬一遊客又打開閃光燈拍照該怎麼辦？他已經答應白鯨要保護她）。除此之外，他隱約還感覺到“潔西卡”渴望見到他，這無疑是種激勵，迪倫已經好久沒有“被需要”，豈能辜負？

這一天，當他從水族館回來，立即被旅館老闆娘叫住：“迪倫，你是不是談戀愛了？”

當老闆娘喚他迪倫時，代表她的頭腦是清楚的。

“妳為什麼會這麼想？”迪倫好奇一問。

“因為你全身上下散發出耀眼的光芒，這是戀愛中的人才會有的現象。”

自從每天到水族館看望白鯨後，迪倫能感覺到自己的活力又回來了，只是沒料到竟會被老闆娘察覺到。

“沒有的事。”他立即否認。

“你已經鰥居兩、三年了，接受新戀情很正常，不需要害臊。告訴我，是哪家姑娘？”

迪倫一時不知該如何回答，還好旅館老闆適時過來解圍。

“妳又當丘比特了，”旅館老闆對太太說，“也不怕嚇到客人？”

“怎麼會嚇到？潔西卡一定也希望迪倫能遇到一位好女人，從此過上正常的生活。”

旅館老闆迅速放下這個話題，轉向迪倫致歉，因為自己的太太說了失禮的話。

“我不介意，你的太太沒有惡意。”他答。

然而回到房間的迪倫卻因方才老闆娘的談話而陷入迷茫，並且越理越亂，他……真的談戀愛了？

第三十五章/背叛

當天晚上，迪倫做了一個奇怪的夢。夢裡，他置身於藍色大海之中，四周圍盡是各形各色的魚，底下則是五彩斑斕的珊瑚。他游啊游，越游越遠，越游越深，直至遇見一個淺灰色的身軀……

“你來了。”白鯨對他說。

迪倫太訝異了，以致張口結舌。

“為什麼如此驚訝？”白鯨又說，“我以為你早認出我來。”

接著白鯨在水中連續打了好幾個滾，肥胖的軀體也越滾越瘦，然後像雕塑形體般，開始有了豐滿的胸部、纖細的腰身和長長的腿，而原本光滑的頭部也長出濃密的秀髮，五官同時發生變化，出現彎彎的眉毛、大大的眼睛、性感的唇和讓人一眼即淪陷的嘴角梨渦……

“潔西卡！”迪倫驚呼。

此時的潔西卡全身赤裸著，這激起迪倫內心壓抑許久的慾火。他游向她，兩人在水中親吻、愛撫、交媾，直至身體密碼全被激活為止……

當鬧鐘響起，迪倫猛然驚醒，發現褲襠已濕了一大塊，趕緊起身淋浴，接著火急火燎地奔向沃爾瑪。

“早！迪倫。”同為搬運工的布萊恩一見他就說。

“早！”

“你是不是有什麼喜事？”

“喜事？”迪倫想了一下，“沒有，你為什麼這麼問？”

布萊恩解釋因為迪倫看起來很開心的樣子，且臉色紅潤，如果不是中了彩票，他猜便是得了一夜春宵。

後面那句讓迪倫膽顫心驚，怎麼自己就這麼藏不住心裡事？

“哈哈！”迪倫尬笑兩聲，“你的想像力太豐富了。”

下班後，迪倫三步並作兩步地奔向公交站牌，恨不得馬上就能見到“潔西卡”，好向她傾訴這一上午的思念。可是當車子越靠近水族館，他反而越退縮，懷疑自己是否患上了某類精神疾病，否則怎會對不同的物種產生愛戀？還好見到“潔西卡”之後一切如常（白鯨沒有異樣的表現，應該不知道迪倫曾做了一夜春夢），這讓迪倫提著的心放了下來。

“昨晚我夢見妳了，”迪倫說完，小心查看四周，確認無人注意後又說，“也夢見我太太，她叫潔西卡，與妳同名。”

其實直到目前為止，迪倫也沒搞清楚夢境裡的兩個潔西卡是否為同一人？他希望是，但又感覺不是，因為經過這幾天的相處，水裡的“潔西卡”顯然更活潑與孩子氣一些，如果硬要將兩者合一，連他自己都無法說服。

由於有了昨晚的親密接觸，今天迪倫對“潔西卡”說了不少話，就像找到樹洞一樣。也難怪，雖然眼前的白鯨是動的，但怎麼游都會回到迪倫面前做短暫停留，而且貌似聽得懂，當迪倫講到動情處，“潔西卡”竟也一臉哀戚，面對如此聽眾，他怎能不暢所欲言？

“都過去了，”迪倫對白鯨說，“我現在要重新找回生命的力量，而這正是妳給予我的。”

此時的“潔西卡”點點頭，似乎認同他說的。這無疑替迪倫打了一針強心劑，讓他的“背叛”得到充份的理由。

第三十六章/鈴蘭和滿天星

大賣場經理聽說迪倫打算長做下去，自然同意，同時建議他不妨加班，因為加班費很可觀。

“不了，下午我有事。”迪倫答。

“你是否也在別的地方打工？如果是，我可以幫你申請輪兩班，也就是早七晚七，這樣你就不用兩頭跑。”

迪倫笑了，如果不是為了填飽肚子，他寧願不工作，現在既然餓不死，何苦汲汲營營？

經理聽完沒勉強他，只強調大賣場缺人手，哪天他若改主意，隨時歡迎！

就這樣，迪倫算是在紅橡樹小鎮安頓下來，並且過起了規律的生活（早上上班，下午到水族館報到），直至七月五日這天的到來。

其實早在六月底之前，迪倫就已經提前為這個特殊的日子做準備（譬如事先向工作的大賣場請假和上理髮院修剪他的一頭亂髮），可是等這一天真正到來，他還是覺得自己準備得不夠充份，好比沒料到長胖的身體根本塞不進舊禮服裡，以致不得不換上印有小熊圖案的T恤和深色運動褲，這讓他看起來有些不夠莊重。

當灰狗巴士終於開進海獅小鎮時，迪倫忽然有種近鄉情怯的感覺，恨不得一完成任務就即刻調頭回紅橡樹小鎮，誰也不見，可是實際情況卻由不得他，因為怎麼也得買花。

迪倫後來在花店挑中一束鈴蘭，那形似鈴鐺的白色小花看起來很可愛。

"這是鈴蘭，寓意是真摯的愛情，你選對了嗎？"花店老闆善意地提醒他。

"選對了，花是送給我太太的。"

"你太太真幸福。"花店老闆仔細打量他，"等等，你……你是迪倫？"

迪倫只得承認，這一承認便是無窮無盡的關心與問候，讓他頗為無奈。

“抱歉，我得去看看潔西卡，今天是她的忌日。”

聽說今天是潔西卡的忌日，花店老闆立刻從店後拿出一大束的滿天星，說：“這是我送給潔西卡的，花語是想念。”

“謝謝！”迪倫收下滿天星，“我一定會把你的心意送到。”

第三十七章/矛盾

近一年不見，潔西卡的墓地已經有了歷經滄桑的模樣，以致迪倫費了好一番功夫才打掃完畢。

“今天花店老闆一開始並沒有認出我來，”迪倫一邊調整花的位置一邊說，“大概因為我變胖的緣故。沒辦法，錢不多，只能挑便宜的澱粉類食物吃，怎能不胖？”

談完吃的，他又說了些家常，結果不管怎麼繞，還是回到他原本不想提的話題上。

“有一天晚上我夢見妳了，也夢見水族館裡的白鯨，她叫潔西卡，與妳同名。”迪倫說完，小心查看四周，確認無人後才說，“夢裡，妳和白鯨同體，我們後來……後來在水裡做愛，那滋味美妙極了，妳說……我是不是生病了？”

迪倫問完，刻意等了一小會兒，結果除了夏風吹過耳邊的聲音，什麼也沒有。

“如果妳介意的話，下回我不那麼做就是。”迪倫喃喃道。

這次回覆他的除了帶著熱氣的風聲，還包括樹上的蟬鳴，在這炎熱的午後，更顯孤寂……

離開墓園後，迪倫快速跳上灰狗巴士，等車子一抵達紅橡樹小鎮，他立即打車至水族館，還好在閉館前趕到。

“今天是我太太的忌日，我給她買了束花送過去。”迪倫對白鯨解釋，那樣子像是怕情人吃醋。

白鯨聽完，焦躁地來回游動。

“我不是趕回來了嗎？”迪倫頗感無奈地說。

此時，即將閉館的廣播聲響起，迪倫不得不道別離，結果白鯨立即游了過來，眼裡流露出不捨。

其實迪倫也不想離開，腦筋一轉，他有了大膽的想法。

等館內所有人都離去後，故意躲藏起來的迪倫才現身，他偷偷穿上飼養員的潛水衣，然後毫無猶豫地跳進水裡去。

啊！那真是激動人心的時刻，他倆在水裡嬉戲、追逐，像一對真正的戀人……

“迪倫，你怎麼這麼晚才回來？”穿著睡衣的旅館老闆問。

“我回了一趟海獅小鎮，今天是潔西卡的忌日。”

“噢！可憐的姑娘，你一定很難過。”

迪倫心頭一驚，他的確應該難過，可是兩個小時前他卻和另一個潔西卡在水裡玩得不亦樂乎。

“我回房去了，晚安。”迪倫說。

“晚安，不過我還是要提醒你——本旅館的關門時間是晚上十點，非必要請勿晚歸。”旅館老闆停頓了一下，“當然，今天例外。”

迪倫回答知道了，然後轉身回到房間。

第三十八章/白色謊言

對於迪倫來說，今天真是跌宕起伏的一天（早上還懷著悲傷的心情，夜裡卻很歡快），他感覺自己好像有兩張面孔，一個循規蹈矩，另一個卻很虛偽，這是個危險信號！

思前想後，迪倫決定不再去看望水族館裡的"潔西卡"，讓一切回歸正軌，而且為了加強執行力度（不讓自己有反悔的機會），隔天他便提出辭職。

"怎麼這麼突然？"大賣場經理說，"你總得給我一個緩衝的時間啊!"

"行，多久？"

"起碼也得十天。"

於是當下敲定迪倫做到7月15日，他甚至事先買好那天下午回海獅小鎮的車票，就怕自己有一絲的動搖。

兩天後，上完班的迪倫在大賣場買了個冷凍三明治當午餐，吃完剛好公交車來了。上了車，他躊躇了一會兒，最後選擇右排的位子坐下。幾站過後，車子停在聖路易圖書館前，這次他沒像往常一樣跟著人群下車，而是繼續乘坐。等車子行經甜蜜糖果屋時，一股不尋常的感覺湧上心頭——他仍然悲傷，但沒那麼難受，真要形容，大概就像手指輕輕滑過已結痂的傷口……

“杜倫，今天的水族館之旅怎麼樣？”旅館老闆娘問。

“我沒去。”

“沒去？早上潔西卡不是開車送你去？”

“潔西卡已經死了。”

“死了？什麼時候的事？”

“已經三年了。”

旅館老闆娘聽完，很是詫異。迪倫安慰她生死有命，既然無法改變既定事實，活著的人就該好好活下去……

“告訴我，今年是哪一年？”老太太問。

迪倫正要回答，旅館老闆忽然插嘴：“今年是1990年，日期是4月1日愚人節。”

“哈！我就知道杜倫開我玩笑。”老闆娘看向迪倫，“不過這玩笑開大了，你可不許當著潔西卡的面說。”

迪倫望向旅館老闆，後者對他使了個眼色。

在迪倫看來，旅館老闆的白色謊言不難理解，比較難理解的反倒是自己的改變，原來他已經能坦然地談論潔西卡的死亡，這到底是幸還是不幸？

又過了幾天，迪倫在回程的公交車上意外聽到後排乘客的談話：

“聽說已經好幾天不吃不喝了。”

“水族館不是有獸醫在？”

“是有，但連獸醫也查不出病因，那才糟糕！”

“只有這麼一條白鯨，可別出什麼差錯啊！”

. . .

聽到這裡，迪倫立即轉過頭去，問：“你們說的可是水族館中央大屏幕內的白鯨？”

得到肯定的答覆後，他果斷拉下車窗上的繩子，無一絲猶豫。

第三十九章/噩耗傳來

遠遠的，迪倫看到中央大屏幕前站滿了人，目測本地居民多過遊客，想必他們都擔心白鯨的身體狀況，所以前來探望。

迪倫慢慢地向前挪動腳步，既害怕白鯨發現他，又害怕她沒發現他，很是糾結。

“看！飼養員已經嘗試餵它好幾次，可是它還是不吃。”

“我認為白鯨若不是生理出現問題，那就是心理因素了。”

“沒錯，也許它患上思鄉病，何不放回大海？”

“倘若每條魚都放回大海，水族館可以關門了。”

“話不能這麼說，現在白鯨出現絕食現象，肯定得做點兒什麼，否則只能眼睜睜看著它死。”

……

人們你一言我一語地發表看法，只有迪倫知道癥結所在。

直至飼養員放棄投餵且即將閉館的廣播聲響起，圍觀人群才接二連三地離去，最後只剩迪倫。

“潔西卡！”他喊著。

然而水中白鯨依舊保持頭上尾下的靜止動作，看起來就像睡著了（迪倫不願往死亡的方向想）。

“潔西卡！”他輕敲玻璃，“是我，迪倫。”

白鯨猛然驚醒，當發現是迪倫時，她的喜悅完全藏不住，不斷地磨蹭玻璃。

迪倫也將臉貼緊玻璃，回應"潔西卡"的熱情。

當即將閉館的廣播聲二次響起時，迪倫不得不道別。離去前，他對潔西卡說："答應我要好好吃東西，我走了，明天再來看妳！"

第二天下班後，迪倫果然信守諾言，第三、四、五天也是。從白鯨的活潑狀態來看，應該已經恢復正常。

"這就是絕食中的白鯨？"一個看起來像政府官員的人問。

"副市長先生，它已經恢復進食了。"館內接待人員答。

"太好了，是什麼原因造成它絕食？"

"初步判斷可能是水溫的緣故，我們已經做出調整了。"

"很好，"副市長目視著正在屏幕前逗留的白鯨，"它會一直待在這個水族館嗎？"

"不會，澳洲的某個海洋館已經買下它，準備訓練它做表演。"

"也好，如果你們提供動物表演，很快我們就會接到投訴電話。"

對話在樂呵呵的笑聲中結束，可是迪倫的內心卻無法平復，想到"潔西卡"就要飄洋過海到那麼遠的地方，且成為取悅人們的表演工具，他心如刀割。

"別怕，"迪倫走上前對白鯨說，"我一定會救妳的，耐心點兒。"

第四十章/解救潔西卡

迪倫告訴旅館老闆他打算多住幾天。

“我以為你已經辭職了。”旅館老闆說。

“是的，大賣場做到明天為止，那張事先買好的車票算是作廢了。”

“什麼事需要繼續留下來？”

“重要的事，非常非常的重要。”

回到房間後，迪倫終於得空坐下來好好想一想他的“解救計劃”。基於白鯨的體積龐大，“偷竊”完全不可能，現在只剩購買了，可是他口袋裡的錢連支撐到月底都有困難。

思來想去，依舊沒有一個解決方案（迪倫沒有富豪朋友，即便有，也未必肯借，因為他的還款能力很差，誰會自甘風險呢？）。

正當一籌莫展之際，一個人影忽然在迪倫的腦海裡一閃而過。

“不。”他立即否定。

然而眼下除了求大衛，真的沒別的法子了。

躊躇再三，他最後決定先問問“潔西卡”的身價再做定奪。

隔天上完最後一天的班，迪倫馬上奔向水族館辦公室，還好經營者米勒先生依然記得他（真是好眼力），這為接下來的談話奠定良好的基礎。

“我一直想向你表達謝意，若不是你的報導，水族館不會如此快速地復活起來。”

“哪裡，我工作的報社很小，作用其實沒那麼大。”

“不，正因為你的報導，其他報社才會跟進，這絕對是你的功勞，我由衷感謝你！”

迪倫心中竊喜，這下子好說話了，然而……

“你想買白鯨？”米勒先生很是詫異地問。

“是的，多少錢？”

“我想知道你買下它會做何處置？”

迪倫也想過這個問題，很明顯，他沒有飼養環境，加上白鯨的食量巨大，遠遠超出他的負擔能力。

“我會將她放生。”他答。

米勒先生很滿意這個回答，所以給了優惠價——一百萬元。

現在換迪倫感到詫異，這個數字可以在海獅小鎮買下好幾間商鋪。

“我知道你肯定驚訝，”米勒先生答，“但年幼的白鯨近年來已經很少被捕獲，加上它們深受表演性質的海洋館青睞，價格自然水漲船高。再說，我已經簽下買賣合同，毀約會有違約金的產生，這個部分的支出也得算進去。”

迪倫沈默了下來，一百萬元對他而言是個天文數字，不出意外的話，一輩子都賺不到。

米勒先生也感受到對方的猶豫，建議他不妨等一等，也許某天還會有白鯨被捕獲……

"不，我就要館內那一條，其他都不要。"迪倫果斷地答。

"那麼在商言商，請在三十日之內付二十萬元定金，這錢用來解約，不退的。"

迪倫弱弱答應下來，但心裡很沒譜。

第四十一章/牢不可破

當年大衛曾給迪倫一個郵箱地址，他很快找出來，並且迅速將信寄出，害怕一蹉跎，他又改主意了。

在這等待的過程中，迪倫依舊天天上水族館，目的是讓“潔西卡”接受他的安排。

“除了將妳放生，我別無他法，除非妳想到遙遠的澳洲去。”迪倫看著白鯨，很情真意切的，“我猜想妳不會喜歡在公眾面前做表演，所以大海才是妳的歸宿。”

然而“潔西卡”並不領情，焦躁地來回竄游，迪倫能感覺到她的抵觸。

“我也不希望那樣，但能怎麼辦？”他長嘆一口氣，“妳得站在我的立場思考問題，這已是我能想到的最好的辦法了。

顯然，“潔西卡”一時無法接受別離，迪倫只能天天給她洗腦，漸漸的，這條白鯨不再那麼抗拒，這是個好現象，可是並不代表問題已經解決了，因為大衛一直沒消息，而與米勒先生約定的期限越來越近，更糟的是他身上的錢越來越少，如果這幾天不走，可能連回海獅小鎮的車票錢都沒著落。

次日，迪倫從水族館回來，旅館老闆娘問他是不是今天辦理退房？

“不是，星期四才退房，然後我會坐傍晚的長途巴士回海獅小鎮。”他答。

“潔西卡跟你一起回去？”

“不，她待在水族館裡。”

“她為什麼待在水族館裡？”

迪倫心頭一驚，旅館老闆娘時而糊塗他是知道的，問題是他怎會誤會她問的是白鯨，而非他的妻？

正當迪倫不知該如何回答時，旅館老闆適時過來解圍。

“妳又給迪倫添麻煩了，”旅館老闆對太太說，“也不怕嚇到客人？”

“怎麼會嚇到？......等等，他是杜倫，你怎麼喊他迪倫？”

旅館老闆沒回答，轉而交給迪倫一封信，說：“今天早上收到的，原來你也有墨西哥朋友。”

迪倫接過信一看，大喜，道謝完畢便匆匆回房，可惜他的興奮並沒有維持很久，因為信雖然來自墨西哥，但寫信的人卻不是大衛。

迪倫：

很遺憾通知你——大衛已於年前意外身故。如果你能來墨西哥城一趟，我們可以針對你的訴求做討論。

真誠的，

科爾特

. . .

大衛的忽然去世讓迪倫很是震驚，還有，這個叫科爾特的人是誰？他值得信任嗎？萬一這是個圈套該怎麼辦？

迪倫望著隨信附上的兩千元支票和一個手機號碼發愣。

兩天後，迪倫順利取出支票上的錢，轉身便買了一張飛墨西哥的單程機票（為什麼是單程？因為他對未來充滿不確定性，或許……或許這是一條不歸路也說不定）。

買好了機票，瞅著還有數小時才登機，他抓緊時間上水族館。

"再見，潔西卡。"迪倫撫摸大屏幕，隔著玻璃是白鯨那張無邪的臉龐，"等我攢夠錢再回來贖妳，希望那時候妳還沒去澳洲。"

說這話，其實安慰的性質大過實質，但除了這個，迪倫給不了別的。

當飛機開始升空，迪倫忽然有股強烈的第六感——此行將會讓他的人生產生天翻地覆的變化，甚至帶來滅頂之災。

倘若真是如此，他也沒有別的路可走，因為"解救潔西卡"已經成為他的信念，牢不可破。

第四十二章/不歸路

墨西哥城是墨西哥的首都，科爾特約迪倫在這個城市的阿拉梅達中央公園見面，此公園不難找，遠遠就能看到一大片鬱鬱蔥蔥。

迪倫沿著林木成蔭的小徑走入公園，大大小小的噴泉隨處可見，正值盛夏，孩子們玩水玩得不亦樂乎，歡笑聲此起彼伏……

“你到了嗎？”電話那頭的人問。

“到了。”迪倫答。

“我在摩爾人亭子等你。”

“摩爾人亭子？在哪兒？……喂？……喂？……喂喂喂……”

顯然對方已經掛斷，迪倫不得不詢問路人，還好遇到的人很友善，不厭其煩地為他指路，所以沒怎麼經歷波折便找到了，只是此時亭子內空無一人，這是怎麼回事？

當迪倫拿出手機，想問個清楚時，一陣急促的腳步聲傳來，那是一位有著毛茸茸捲髮和暗棕色皮膚的男人，看起來有些陰沈，年紀約在四、五十歲。

“紅橡樹小鎮也這麼熱嗎？”那人問。

“也熱，但沒像這裡這麼熱。”

“你知道這座亭子的由來嗎？”

“不知道。”

於是那人做了介紹，原來這座摩爾人亭子建於十九世紀末，是為了世界博覽會而建，完全由鋼製成，亭子綴以伊斯蘭風格的幾何圖案，最頂部則是精緻的玻璃圓頂和青銅鷹，這些細節和獨特的八角形造型讓許多人相信它具有占星功能和魔法作用……

“你是……導遊？”迪倫問。

“不是。”那人笑了，接著伸出手來，“我是科爾特。”

迪倫與他握了握手，說：“我是來自海獅小鎮的迪倫。”

“海獅小鎮？你的信從紅橡樹小鎮寄出，我還以為你是那裡的居民，原來你是大衛的老鄉。”

聽到這個回答，迪倫的心不住地往下沈，看樣子科爾特並不清楚他與大衛之間的交情，意思是連他唯一可以祈求幫助的藉口也沒了。

“我……我和大衛很小就認識，是很好的朋友，他曾答應過我，只要我有需要，他會鼎力相助。”

“大衛的朋友就是我的朋友，但一百萬元可不是個小數目，你也知道天下沒有免費的午餐。”

迪倫從來沒有不勞而獲的想法，所以立即表示自己不怕吃苦，什麼工作都願意做。

“不合法的事也願意做？”科爾特問。

迪倫語塞了，從小到大，他一直是個循規蹈矩的人，連紅色交通燈都沒闖過，如今卻要做違法的事，這……

看迪倫陷入沈默，科爾特答：“我看你也不是吃這口飯的人，所以千萬別為難自己。這樣吧！既然你有求於我，十萬元是上限，並且僅此一次，請知悉！”

米勒先生要求給二十萬元的定金，十萬元根本不夠，但迪倫同時也明瞭科爾特已經很仗義了，自己不能再得寸進尺。

“我......我願意做......做任何事，因為我很需要這筆錢。”迪倫面紅耳赤的，“不瞞你說，目前緊急需要的是二十萬元，剩下的，你可依據我的表現給付。”

現在換科爾特陷入沈默，老大死後，他頂替了那個位置，由於名不副實，導致內部風雨飄搖，他急需培養自己人來鞏固地位，然而眼前人實在太文弱了，他真能幫得上忙？

由於科爾特遲遲不表態，迪倫趕緊重申自己加入的決心。

“行，那麼你即刻飛洛杉磯，入住任何一家酒店後，屆時會有人聯繫你。”科爾特停頓了一下，“如果完成此次任務，我會給你二十萬元的酬勞。”

迪倫想了想，果斷點頭。

第四十三章/下降頭

迪倫把酒店地址發出去之後，不到兩小時就接到前臺打來的電話。

"伍德先生，這裡有您的訪客——威爾遜先生。"

"是的，我正在等他，請他上樓來。"

不一會兒，敲門聲響起，迪倫起身去開門。門一開，對方火速進到房內。

"請搭乘今晚23:45的達美航空飛奧蘭多，出機場後，自有人來取行李箱。"

"今晚？"

"沒錯。"

迪倫看著腳旁嶄新的20英寸行李箱，問：“就這兩件？”

“是的，你的機票可托運兩件32公斤以內的行李箱。”

迪倫不在乎重量或件數，他在乎的是裡面裝了什麼。

“你不問裡面裝了什麼嗎？”威爾遜先生問。

“如果我問，你會答嗎？”

結果最不可能發生的事竟然發生了，威爾遜先生坦言白色行李箱裡有15磅安非他命、20磅搖頭丸和120 片芬太尼；粉色行李箱內則有10磅大麻、20磅古柯鹼、68顆阿普唑侖藥丸和173顆羥考酮藥丸。

迪倫聽完，感覺頭皮發麻。

“放心，加州沒有死刑，頂多終身監禁。”威爾遜先生補上一句。

這話不說還好，一說，迪倫的腦海裡立即浮現監獄高高的圍牆，上面還有高壓電線。

“你想退出嗎？”威爾遜先生又問。

這是個好問題，現在若抽身，迪倫還會是一張白紙，然而......

“不，我不退出。”他果斷地答。

“聽說你急需用錢，冒昧問一句，這是否與女人有關？”

迪倫承認的確與女人有關，問他如何知道？

“眼神，你的眼神裡揉合了多種情緒，這個只能意會，不能言傳。”威爾遜先生停頓了一下，“美嗎？我指那個女人。”

此話一出，有兩張臉孔在迪倫眼前交叉出現，一會兒是他那已亡故的妻，一會兒是白鯨。

“美，很美。”迪倫答。

“這就是我不輕易動情的原因，女人天生就是個麻煩，一沾上，甩都甩不掉，像被下了降頭。”

迪倫問什麼是下降頭？威爾遜先生解釋那是東南亞一帶的巫術，能達到謀財、害命以及精神控制的目的。

如果真是那樣，迪倫肯定被下降頭了，否則無法解釋這些日子以來的種種異常表現，但說這個又有何用？他已經決定不計代價去做飛蛾撲火的事。

等威爾遜先生離開後，迪倫洗了個熱水澡，然後換上乾淨的衣服，打算以最佳狀態上街吃頓好的，因為對他來說，這也許是失去自由前的最後一餐……

第四十四章/虛驚一場

值機員問迪倫行李箱內有沒有違禁品？他回答沒有。緊接著，行李箱便隨著輸送帶移動，直至看不見為止。

"好了，"值機員站起身，同時把護照和登機牌遞交出去，"23:00開始登機，您的座位號是38D，登機口是12。"

謝過值機員後，迪倫趕著入關，不外安檢和檢查證件，一切都很順利，但這不表示迪倫已經安全了，因為任何時刻，航警都有可能逮捕他。

直到上了飛機，迪倫才終於能喘口氣，看來機場的安檢不是很嚴格，以致有了漏網之魚。

從洛杉磯直飛奧蘭多，需時約4個半小時，這也是迪倫人生中最起伏不定的時段，因為落地後還有個行李檢查環節，如果不幸被抽查到，代表這輩子得牢底坐穿；反之，他的"潔西卡"便暫時不用去澳洲，過幾年甚至能重返大海，這也是他的終極目標。

就這麼東想西想，4個半小時轉眼就過。等飛機停妥後，迪倫跟著其他乘客一起下機，然後趕著去提取行李。

" 嗨！老兄，請打開你的行李箱。" 海關人員對迪倫說。

迪倫假裝沒聽見，繼續前行，哪知那名海關人員不依不饒，又對他喊了一次，聲音之大，想聽不見都難。

" 妳不是說我吧？！" 迪倫露出無辜的表情，" 我幫妳去追前面那個人。"

結果海關人員表明指的正是他，要他將行李箱放在臺面上。

" 裡面都是我的個人用品，" 他仍做困獸之鬥，" 沒什麼好查的。"

海關人員不予理會，問他是否親自打包行李 ？

迪倫愣住了，到底該答是或否？如果答否，對方肯定問是誰打包的？如此一來，牽扯的人就多了，即使最後能逃過法律的制裁，他也逃不過黑幫的追殺（前者尚能保命，後者就不好說了，身首異處都有可能）。

這麼一分析，迪倫只能承認是自己親自打包的。

“密碼多少？”海關人員又問。

“什麼？”

“行李鎖的密碼。”

完了，迪倫根本不知道鎖碼是多少。

“我……我自己來吧！”他答，

胡亂試的結果便是搞得海關人員耐心盡失，臉色也越來越難看。

“對不起，我忘記密碼是多少了。”迪倫尷尬地答。

“看樣子只能割開行李箱，損失的費用由你個人承擔。”

現在根本不是錢的問題，而是他運送大量違禁品的事實。迪倫可以想像當海關人員看到那麼多毒品時會有多驚訝，那簡直是場災難！

“我的天呀！這麼多。”

海關人員果然被驚嚇到，嚷叫的聲音吸引住在場所有人，一時人頭攢動。

迪倫無奈地閉上雙眼，感覺自己離終身監禁不遠了。當他再次睜眼時，海關人員問他是不是神職人員？

“神職人員？”迪倫懵了，“不是，當然不是。”

“既然不是，為什麼攜帶那麼多本聖經？整整兩大箱呢！”

迪倫被當頭一棒，原來自己被人惡作劇了。

“咳咳！”他咳嗽兩聲，“我雖不是神職人員，卻是一名虔誠的教徒，買那麼多本聖經是為了送給對人生感到迷茫的人。”

海關人員很滿意這個回答，同時對弄壞行李箱深感抱歉。

“沒事，我一點兒也不在乎。”

迪倫說的是實話，但海關人員還是對弄壞的行李箱進行包裝（至少短時間內的拖行不成問題）。這麼一耽擱，他比預定的時間晚了約一個小時才走出機場。

“嗨！迪倫。”一個陌生人站在不遠處向他招手，“這裡。”

迪倫拖著行李箱越過馬路，來到一個七人座的商務車前。

“老闆讓我來接你。”那人說。

“科爾特？”

“是的。”

於是迪倫上了車，連同那兩大箱聖經。

第四十五章/千鈞一髮

科爾特的房子在堤比特湖和席恩湖之間，大門前有四棵高大的棕櫚樹，讓人一下子感受到濃郁的熱帶風情。

迪倫被帶到能觀看到美麗湖景的會客廳，一抬頭，挑高的天花板下方垂吊著一個由三個黑色大圈所組成的簡約燈飾；一低頭，腳底板下踩的是黑白灰三色組成的幾何圖案地毯。

"坐，你站著讓我有壓力。"科爾特說。

於是迪倫在米色長沙發上坐下。

"想喝什麼？"科爾特問。

"伏特加。"

趁著傭人去取酒，科爾特問迪倫喜不喜歡這棟房子？

“不錯，不過不太像你的格調。”

“是嗎？我是什麼格調？”

“我以為會更不按理出牌些。”

“看來你對行李箱內的東西依舊耿耿於懷。”

“是的。”

於是科爾特坦言之所以謊稱行李箱內有毒品是為了測試他的膽量和忠誠度，顯然，他過關了。

“你的意思是下一趟會來真的？”迪倫問。

“是的，不過不包括毒品，因為這不是我的強項。”

不知為什麼，這句話在迪倫聽來很是逆耳。

“你的強項是走私人還是走私物品？”他又問。

“兩者皆有，你先走私人試試。過幾天有一艘漁船進港，你負責將人接走，然後送到指定地點。”

迪倫沒料到科爾特那麼快就給他派工作。

“都打點好了嗎？”迪倫問。

“這是你的工作，怎麼反倒問起我來了？”科爾特沈下臉來，樣子很是嚇人。

“好的，我了解了。”迪倫停頓了一下，“如果方便的話，能否告訴我每次完成任務能有多少進賬？”

科爾特告訴他這個得按人頭計，一個人頭兩百元。

迪倫想著一個月若能成功走私10個人，便有兩千元的收入，這個數字差強人意，但想解救“潔西卡”可就杯水車薪了。

“要想賺大錢，眼光就得放遠點兒，新人可沒資格談條件。”科爾特說，大概讀出他的心思。

迪倫趕緊表忠心（眼下也沒別的法子了）。

見迪倫沒有異議，科爾特喚來手下，緊接著一個牛皮紙袋被送到。

“這是什麼？”迪倫問。

“答應給你的二十萬元。”

迪倫打開袋子，裡面果然有好幾沓紙鈔。

“為什麼不直接打款給我？”他又問。

“聽著，從現在開始，你只會從我這裡得到現金，至於你要如何說服別人這是合法收入，那是你的問題。”

迪倫表示聽懂了，於是科爾特舉杯祝賀:“讓我們為未來乾杯！”

“乾杯！”迪倫答，然後讓那不甜、不苦、不澀的酒順著喉嚨而下，感受入腹後熱流遍佈全身的滋味。

等雙方都喝光酒杯裡的酒後，科爾特下逐客令，因為他還有更重要的事要辦。

“當然，”迪倫起身，“祝你有幸福的一天。”

一走出“老闆”的豪宅，迪倫像隻無頭雞，科爾特說幾天之後會有一艘漁船進港，要他負責將人接走，然後送往指定地點，但他沒說確切的日期，也沒說是哪個港口、哪艘漁船，還有，人得送到哪裡去？

迪倫思考了一會兒後，忽然意識到目前最重要的不是為這些事煩惱，而是阻止

“潔西卡”被送走，於是一通電話打給米勒先生 。

“ 你真及時，再晚一點兒，白鯨就要上飛機了。” 電話那頭答。

“ 不，千萬別上飛機，我立馬過來交錢。”

掛上電話後，迪倫即刻叫車趕往機場。

第四十六章/五年之約

“你該不會搶銀行了吧?！”米勒先生半認真半開玩笑地說，因為沒料到會有人拎著20沓的紙鈔前來付款。

迪倫要他放心，這錢絕對不是搶銀行得來的，至於真正的出處，他倒也沒明說。

“其實一開始我並不認為你是認真的，”米勒先生把手放在自己的大肚腩上，這讓他看起來像懷孕五、六個月，“既然你已經表現出誠意來，白鯨我肯定為你留著，剩下的尾款你打算何時付清？”

這也是迪倫的煩惱之處，按科爾特的說法，每接送一位偷渡客能賺兩百元，但接送不可能天天發生，意思是他的收入相當不穩定。

“我答應你會盡快籌錢，但時間無法保證。”他答。

“嗯……這可不好辦。”

看米勒先生露出為難的表情，迪倫只好給出五年的期限，如果屆時他還是給不了，白鯨任憑處置。

離開米勒先生的辦公室後，迪倫進到水族館內，但也只是遠遠地望著。

“潔西卡，今天我終於付了定金，妳暫時安全了，可以不用到澳洲去。”他喃喃低語，“原諒我不能到妳的跟前來，因為我害怕妳會誤會我已經準備好贖妳，事實上我只籌到1/5的錢款，剩下的還沒有著落。”

迪倫又站了一會兒，直至意識到再怎麼解釋也無濟於事，這才默默走開……

第四十七章/迎接挑戰

當岳父岳母看到許久未見的迪倫時，很是驚喜，問他這幾個月都在忙些什麼？

其實搬離岳父母家之後，迪倫又在紅橡樹小鎮待了有半年之久，期間一直沒去探望兩位老人，所以他們不知他的近況(甚至認為他已經離開小鎮)也在情理之中。

“我......瞎忙。”迪倫答，“這次來是為了與你們辭別，因為我已經找到新工作，未來可能有一段長時間都不會再見面。”

“我就說迪倫不會那麼快忘了潔西卡，”岳母睨了自己的老公一眼，接著轉向迪倫，“過去有謠言說你找到了新伴侶，每天從沃爾瑪下班後便匆匆趕去約會。”

迪倫愣住了，原來岳父母一直知道他待在紅橡樹小鎮，還有，他也太小看流言的威力（雖然他只是一名大賣場的搬運工，但顯然有好事者會主動加油添醋地傳播他的一舉一動）。

“沒有的事，誰會看得上我？”他自嘲。

“迪倫，你可別小瞧自己。”岳父開口了，“我和芬妮不一樣，如果你真的找到伴侶，我會為你高興，畢竟你還那樣年輕，總不能孤獨到老，不是嗎？”

迪倫不過三十出頭，正值壯年，但有時他覺得自己已經老得不會再對任何事情產生興趣，若不是另一個潔西卡的出現，他很可能就這麼混吃等死下去。

“如果真有這麼一個……人，我會讓你們知道的。”迪倫答。

那個夜裡，他們三人抵掌而談，氣氛相當融洽，讓迪倫感受到久違的幸福時光。

次日，當岳母喊迪倫吃早餐時，他接到一通神祕電話。

“安妮公主號在荷蘭港外的公海上已經等待一個多星期，你去看看情況。”

迪倫犯起嘀咕，他以為漁船正要進港，怎麼變成滯留在公海上？除了這個，他本人還有更現實的問題。

“我口袋裡的餘錢不多了，恐怕買不起飛往荷蘭的機票。”他說。

對方沈默了一會兒後，緊接著告訴他此荷蘭港並不在荷蘭，而是位於美國阿拉斯加州阿留申群島之一的阿馬克納克島上，至於路費……這不是該考慮的問題。

迪倫心中納悶：“怎麼不該考慮？我連接下來的飲食都得算計著花，何況交通費?”

後來當迪倫吃著早餐時，屋外傳來叭叭兩聲，他的心喀噔了一下，該不會……

迪倫火速站起身，然後往廚房的窗口望出去，岳父母家的門前停了一輛橙色轎車，這並不特別，特別的是駕駛座上坐著一個拉丁美洲長相的男人，而且正與迪倫對視著。

“我出去一下。”他對岳父母說。

當迪倫走近車子，尚未開口，對方便要他上車 。

“你是誰？”迪倫問。

“安妮公主號已經在公海上等待好多天了，我們再不去，就只能收屍了。”

聽到這個回答，迪倫知道自己該上路了，於是答：“你等會兒，我回屋拿東西。”

進屋後，岳母立即問那人的來歷。迪倫表示此人是他的同事，順路過來載他上班。

“你在哪裡上班？”岳父接著問。

迪倫心頭一悸，這該如何回答？

“我……”他急中生智，“我在貨輪上工作，負責貨物裝卸。”

岳父說這是份苦差事，問他是否已經準備好接受挑戰？

迪倫嘴巴稱是，但心中想著：“這挑戰可真不小，如果失敗了，他的人生就要留下難以磨滅的遺憾。”

第四十八章/明亮的眼睛（完結篇）

迪倫的第一單相當順利，有老手安東尼奧帶著，他們成功將一百多位偷渡客送進離港口二十多公里的狹鱈加工廠內。這次任務讓迪倫進賬兩萬多元，是他當記者時月收入的十幾倍。

“以這個速度，五年內贖回‘潔西卡’不是夢。”迪倫心想。

可惜第二單就沒那麼幸運了，主因是帶路人突發疾病，而他們走的又是被印第安原住民稱為“魔鬼之路”的凶險路徑，面對一望無際的沙漠，迪倫只得向巡警自首，畢竟保命要緊。

那次，迪倫被判入獄三個月。出獄後，他緊接著幹，走私的對象也不再限定為人，但凡有利可圖，他皆來者不拒，這包括武器、文物、貴金屬、珍稀動植物、淫穢物品……等。多數時候，迪倫和同夥都能化險為夷，但偶爾也有失算的時候，就這麼進進出出監獄許多回（他原本肥胖的身軀也在一次次的奔波中消瘦下來），某天，迪倫終於攢夠錢，立即直奔水族館，然而……

“這不是潔西卡，”他停頓了一下，“我的意思是白鯨。”

“這正是你要的白鯨，”又胖了一圈的米勒先生答，“當年它還是個寶寶，現在已經成年，當然看起來不一樣。”

迪倫認識“潔西卡”時，她的身長不過一米五，現在則翻了兩翻不止，還有，她的皮膚顏色從淺灰變成純白，個性也沒有以前活潑，甚至有點兒拒人千里之外的感覺 。

“你還想買下它放生嗎？”米勒先生問。

顯然，“潔西卡”已不是記憶中的樣子，但迪倫還是決定買下她，這才不枉自己曾受過的苦難。

負責運送白鯨的是水族館的飼養員，過去幾年一直是她在照顧白鯨，離別時由她護送，再好不過。

整個運送過程，迪倫的心情相當平靜，他原以為自己會很感傷，但其實沒有，真要形容，就像馬拉松選手終於抵達終點站，結果是輸是贏已經沒那麼重要，重要的是他跑完了。

當白鯨入海，激起巨大的水花時，迪倫長舒一口氣，多年來的努力為的不正是這個？

“我替白鯨謝謝你！你做了一件非常了不起的事。”飼養員說。

“哪裡，我很高興她重回大海。”迪倫答。

“如果不趕時間的話，上岸後我們一起喝個咖啡如何？”

“樂意之至。對了，忘了自我介紹，我叫迪倫。”

“幸會，我叫潔西卡。”

“什麼？”

“潔西卡。”

這個回答撥動迪倫內心裡的那根弦，他猜想也許冥冥之中安排了什麼，誰知道呢？

返航途中，海風輕拂著，坐在前方的"潔西卡"撥開落在臉龐上的髮絲，一個回頭，迪倫注意到她也有一雙明亮的眼睛……

（完結）

作者介紹

在異國的背景下加入纏綿悱惻的愛情故事是B杜小說的一大特點，她的文筆清新、筆觸詼諧、畫面感很強，讀完小說有種看完一部愛情偶像劇的感覺，特別適合懷春少女及對愛情有憧憬的女性閱讀。

另外，B杜還創作了散文、嚴肅小說、系列小說等，歡迎關注。

Also by B杜

《洁西卡》（简体字版）Jessica (simplified character version)

* * *

《法蘭西情人》Love in France

《東瀛之愛》Love in Japan

《新西蘭之戀》Love in New Zealand

《英倫玫瑰》Love in England

《愛在暹羅》Love in Thailand

《情定布拉格》Love in Prague

《獅城情緣》Love in Singapore

《愛上比佛利》Love in Beverly Hills

《夢回楓葉國》Love in Canada

《早安，歐巴》Love in Korea

《我在蘇黎世等風也等你》Love in Switzerland

《迪拜公主的秘密情人》Love in Dubai

《馬力歷險記 1 之地球軸心》The Adventures of Ma Li (1) : The Time Axis

《馬力歷險記 2 之黃金國》The Adventures of Ma Li (2) : Eldorado

《馬力歷險記 3 之可可島寶藏》The Adventures of Ma Li (3) : The Treasure of Cocos Island

《B杜極短篇故事集 (1 ~ 100)》A Word to the Wise (Tales 1～100)

《B杜極短篇故事集 (101 ~ 200)》A Word to the Wise (Tales 101～200)

《B杜極短篇故事集(201 ~ 300)》 A Word to the Wise (Tales 201～300)

《B杜極短篇故事集(301 ~ 400)》 A Word to the Wise (Tales 301～400)

《B杜極短篇故事集(401 ~ 500)》 A Word to the Wise (Tales 401～500)

《B杜極短篇故事集(501 ~ 600)》 A Word to the Wise (Tales 501～600)

《B杜極短篇故事集(601 ~ 700)》 A Word to the Wise (Tales 601～700)

《巫覡咖啡館之梧桐路篇》 The Witch & Warlock Café on Wutong Road

《鴻溝》 A World Apart

《我的泰國養老生活 1 》 My Retirement Life in Thailand (1)

www.ingramcontent.com/pod-product-compliance
Lightning Source LLC
Chambersburg PA
CBHW022207050726
47590CB00002B/680

9781915884107